风靡全球的**折叠大书**学习法

〔意〕朱迪塔·戈塔迪
吉尼芙拉·G·戈塔迪 著

包晗 译

华东师范大学出版社

听而易忘，见而易记，做而易懂
——孔子（春秋末期）

双手是解放人类智慧的工具
——玛利亚·蒙台梭利

献给最美妙的手工语言

目 录

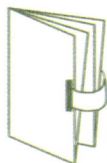

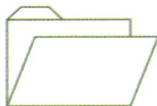

第五章　迷你书的不同样式及使用实例 / 69

翻页式 / 72

手风琴式 / 94

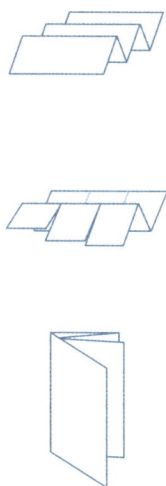

口袋式 / 105

圆形 / 122

折页式 / 132

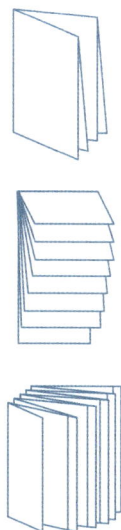

立体式 / 145

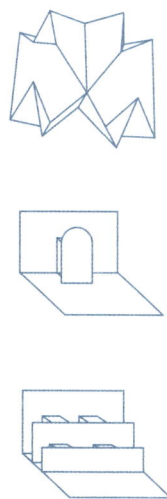

前 言

从孩童时期起，我们就被大大小小，或有趣或严肃的书所环绕。

在那些过往的阅读中，我们积累起一个小书库，里面尽是那些外表华丽、内里人物也栩栩如生的书籍。

所以我们会对折叠大书一见钟情，一点也不奇怪。

这些彩色的卡纸为好奇的孩子们打开了一个充满智慧、求知探索的新世界。

折叠大书汇集了一系列千变万化、丰富多彩的针对主题进行研究、学习的方法和步骤，鼓励孩子们用这种方法获取新知、创新创作。

在这本书里，我们没有仅仅陈列已经制作完成的折叠大书，也不想放上一些纯粹只是裁剪粘贴的练习步骤。我们尝试着收集所有用于思考、创作一本有着无限可能的个人原创折叠大书所需要的工具。

在一段我们可以称之为折叠大书"先祖"的简短介绍（第一章）与以折叠大书为教学工具的理论概览（第二章）之后，我们可以看到有关折叠大书的三大主要内容（第三章）：一是制定计划，也就是确定可以写下创意和记录制作过程的计划表；二、三是选择和制作适宜的文件夹和迷你书。所有书中出现的计划表模板、迷你书模板、文件夹模板都汇集在配套的模板集中，可以直接复印使用。

我们的建议是让创造力引领所有的学习过程。创造出美丽的事物需要付出时间和努力。教师和家长要帮助儿童成为学习过程的主角，让他们独立完成制作，因为在这一过程中，他们所付出的情感与切实的体验会让学习更有意义。

当教师在课堂上和儿童一起制作折叠大书时，不应直接提供给儿童一本已经做好的大书。因为我们的目的并不是为了做一件重复工作或者说再造一个已有的工具。设计策划折叠大书的过程是至关重要的，儿童应该去思考：什么东西更为重要，什么内容是必须要写在空间有限的纸上的。这样一来儿童能够边做边学，撇去那些浮于表面的无关信息，从而抓住最本质、最基础的知识。

大书内部由若干本迷你书构成，选择合适大小的迷你书，使每一部分的排版规整有序，对儿童而言是一项需要概括组织能力的工作。

有效地使用折叠大书是儿童应该掌握的一种学习方式。

作品结构

本书主要由两部分组成：第一部分主要介绍了什么是折叠大书、它的大致特点、这一特殊书籍的历史、怎样以及何时在课堂上使用、它有着什么样的优点，还有关于挑选使用合适材料的相关指导。第二部分就是实际操作的例子。

本书另配套一本模板集，包括作为折叠大书组成部分的文件夹模板和迷你书模板，可直接用于复印。模板集中还包括一些本书中没有介绍到的样式。

第一章

什么是折叠大书以及它的起源

折叠大书（lapbook）是丰富多变、充满创造力的内容集合形式，根据不同的需求和应用目的，以不同规格的文件夹来表现，文件夹内里收集了不同的迷你书和素材，呈现既定主题下的关键信息和详细内容。

制作折叠大书的最终目标是实现一个三维的交互地图，使制作者通过个性化的动手过程学习和获取知识。

文件夹和迷你书

一本折叠大书由多个部分构成。首先最重要的组成部分就是文件夹。文件夹有很多种不同的规格和样式（图1.1～1.4），用一张或多张卡纸就可以制作，用于收集和存放与主题相关的资料。

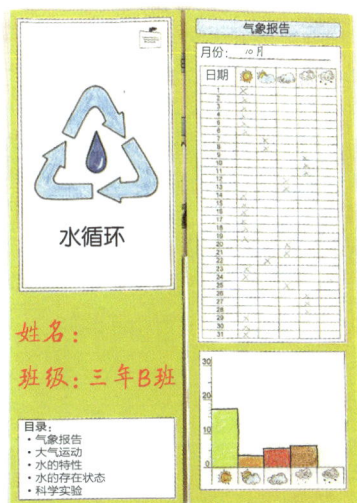

图1.1 大书型文件夹

图1.2 迷你书型文件夹

制作折叠大书的关键环节
是资料的收集，可以是以多页
的小手册（图1.5），或者是
事先准备好的各种迷你书（图
1.6～1.9）等形式呈现。

选择合适的迷你书样式是
制作折叠大书的基础，它的形
式构筑了所要表达的内容。

图1.3 经典型文件夹

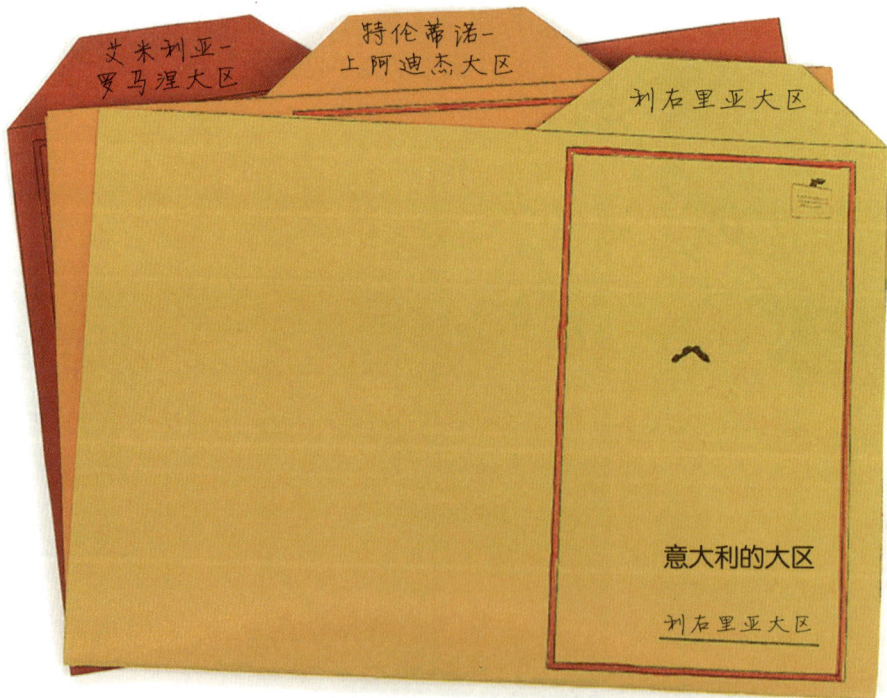

图1.4 文件袋型文件夹

图1.5 多层折页式迷你书

图1.6 花瓣翻页式迷你书

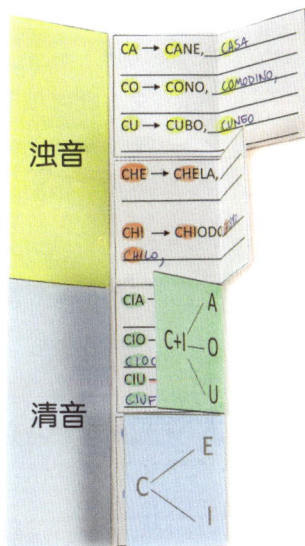

图1.7 带封面翻页式迷你书

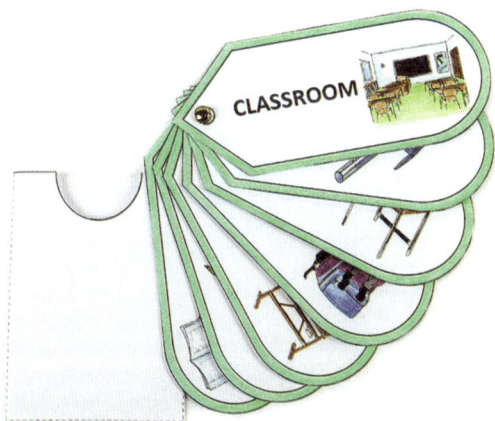

图1.8 大头针固定口袋式迷你书

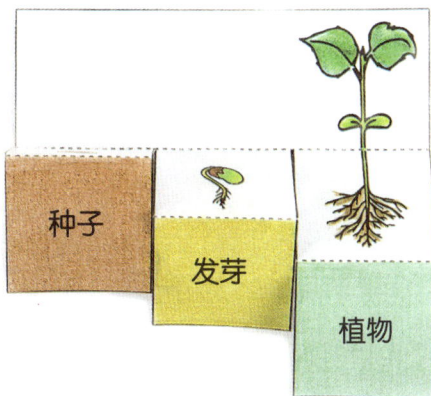

图1.9 翻页手风琴式迷你书

什么是折叠大书以及它的起源 ◇ **11**

折叠大书作为一种工具书的起源和发展

如今，在网络上可以找到无数不同样式和颜色的折叠大书。但想要确定这一在美国及其他英语国家广泛被使用的工具书的起源，却并不简单。

让我们来尝试分析一下"lapbook"（折叠大书）这一词汇的意义："lap"的意思是"膝盖"，也有"地层、边缘、悬崖、折痕"的意思；动词"to lap"的意思是"裹、折、折叠、重叠、叠加"。"lapbook"的"lap"是这两种意思的混合。可以将折叠大书看作一个资料袋、一项工作计划，较硬的纸袋外壳使我们能够将它放于膝上阅读，我们也可以把折叠大书想象成一个有很多抽屉、可以打开关上、随时抽取资料的书柜。

想要了解这个工具书清晰完整的历史脉落实在是很困难。公元1世纪，中国人发明了纸，一经面世，便被流传使用。按照不同用途，人们将纸折叠裁剪成不同的模样。用单张纸折叠出的迷你书，出现的时间最早可追溯至公元12世纪的日本，因其具有的独特性被记载在折纸手工的历史中。

首个有着交互式内容、由旋转圆盘组成的书籍出现于印刷术的发展时代，特别突出的例子是加泰罗尼亚的哲学家拉蒙·柳利（Ramon Llull，约1235～1316）的作品。

一些迷你书的样式，比如翻页式（图1.10），在早期14世纪的一些解剖学书中就已经出现，书中重叠的人体器官会以多层折叠的纸张来表现（图1.11）。交互式的书籍从历史上看就经常被当作学习工具书，具有辅助教育的功能。

图1.10 可三页翻折的四边形翻页书

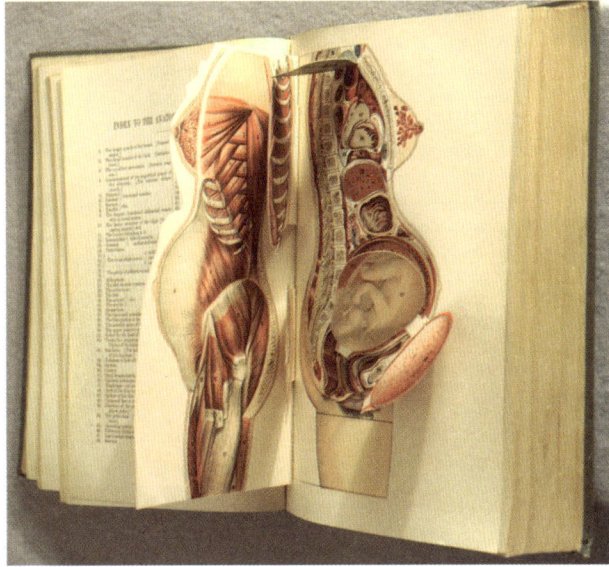

图1.11 14世纪的一本解剖学书籍

　　15世纪德国天文学家彼得鲁斯·阿皮亚努斯（Peter Apian）在《宇宙志》一书中剪切了一些印刷纸片，用细线将各部分联结起来，使其中一张能够围绕着另一张旋转（图1.12）。这一做法很容易使人联想到现在那种圆心由一枚大头针固定、可以旋转的转盘样式（图1.13）。

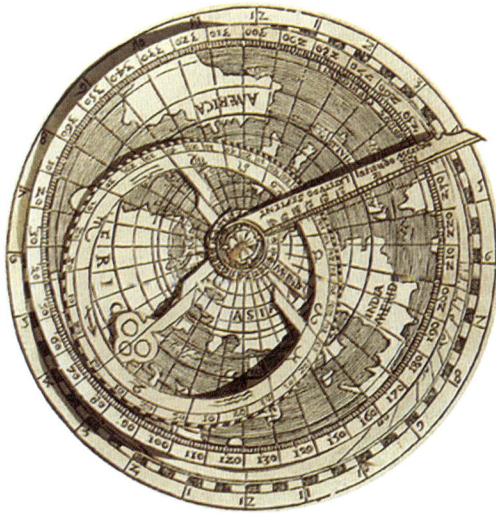

图1.12 彼得鲁斯·阿皮亚努斯的《宇宙志》中的一部分

图1.13 用大头针固定的转盘

    这些形式生动的书籍在大约两个世纪的漫长时间里一直被当作教辅工具书，直到17世纪，首次出现了与小说、戏剧相关的交互式书籍。

    1760年，伦敦出版商罗伯特·赛尔（Robert Sayer）将一种名为滑稽书，又称变形书、立体书的小册子投入商业出版。将这种书中的一页纸正反两面印刷成两张画，再分成四个部分，然后将每个部分对折，使向外的插画能够遮盖住下面的插图。翻开四张折页又能展现出完整的新图（图1.14）。

图1.14 滑稽书的一部分

最早出现的内部有可提拉的立体纸张的书籍，可以追溯至画家威廉·格里马尔迪（William Grimalali）在1820年出版的《香水集》（图1.15），此书的灵感源自一次宴会上的玩笑设想。

图1.15 画家威廉·格里马尔迪的《香水集》

在这本书出版之后就出现了其他很多类似的书。1856年，英国伦敦迪恩父子公司（Dean & Son）出版了一套以《新风景丛书》为名的神话故事，这是第一批真正意义上的三维立体书：拉起丝带，纸张便竖立起来，营造出一种透视的效果（图1.16）。借此创意，迪恩父子公司一跃成为最大的儿童书出版商，其出版的很多书籍也经由美国杜盾出版社（E.P.Dutton）在美国发售。其他的出版社也陆续跟风，其中，一些德国出版社在书内设置了一种类似于暗室的小剧场机关。

图1.16 《新风景丛书》的一部分

有意思的书籍还包括那些由德国尼斯德出版社（Nister）出版的书，其创始人是尔尼斯特·尼斯德。公司最早创立于德国纽伦堡，后来在英国伦敦建立了工作室，并与杜盾出版社建立合作，在美国出版书籍。在尼斯德出版社所发行的书里，哪怕是一幅插画都充满了价值。他们想出了新技术，借由翻页产生动力拉撑着书页正中间的立体场景，把书合上立体场景就消失不见（图1.17）。在20世纪80年代，尼斯德的书在全世界范围内再版印刷，使得这种类型的书再度流行起来。

图1.17 尼斯德出版社出版的书籍

德国的罗塔·梅根多佛（Lothar Meggendorfer, 1847～1925）大力推动了立体书的发展，他创造了一种新形式，使得书中人物能够通过翻折完成五到六种不同的动作，就像提线木偶一样。

1929年，在伦敦出版的吉鲁（J.L.Giroud）的书也是出色的立体书作品，可惜在第二次世界大战期间一度停止生产。20世纪30年代的时候，这种内里有着各种可动的插画的书被纽约的蓝丝带出版社（Blue Ribbon）命名为"pop-up"立体书，pop-up即弹出之意。20世纪60年代，立体书得到了真正大规模的出版，为此做出努力的有来自班克罗夫特公司（Bancroft）的捷克立体书大师伏依泰克·库巴斯塔（Voitec Kubasta, 1914～1992），以及创立了图像国际公司（Graphics International）的美国人渥多·杭特（Waldo Hunt, 1920～2009）。时至今日，贺曼贺卡（Hallmark）、视介传播（Intervisual Communications）

等公司仍然在出版大量的立体书。

保罗·约翰逊与书籍艺术项目

看过了立体书起伏发展的历史以及它在20世纪60年代的重生，接下来我们就会讲到在大学一些具体的教学项目中，针对制作这类书籍提出的一些简化的措施。

保罗·约翰逊（Paul Johnson）从1984年开始钻研书籍艺术，那时他就职于美国旧金山州立大学，有机会接触到太平洋书籍艺术中心的环境。这一中心由玛丽·奥斯汀（Mary Austin）和凯瑟琳·伯奇（Kathleen Burch）于1996年创立，汇聚了大批书籍艺术家。回到英国之后，保罗·约翰逊在曼彻斯特大学接手了一个任务，分析探讨类似于《书籍概念》这样的书能否应用于教学之中。基于这一探索思路的研究室在小学的推广实践中，将保罗·约翰逊的方法臻于完善。1986年，保罗·约翰逊创立了书籍艺术项目。

在他1990年出版的《属于我自己的一本书》[①]中，他讲述了在学校进行实践的完整经历，并介绍了历经数年完善的应用于学习的方法。他列出了一系列仅用单页纸就可以制作出的迷你书样式，并且强调了灵活创新、充分运用折叠这一最基础手工技巧的重要性，改变了罗宾·坦纳提出的传统的书籍装订方式。罗宾·坦纳（Robin Tanner）是第一个在英国开始儿童教育书籍项目的人，他发展了《儿童手工书》的作者莱斯利·班纳特（Leslie Bennet）和杰克·坦纳（Jack Tanner）提出的制作方法。

保罗·约翰逊认为"普通书籍能够表现各种各样的主题，每一种学校的课题都能够在这种极富意义的形式中得到呈现……但是如果认为任何文学体裁都能够通过书籍的形式来表达，这是错误的。例如一篇散文，如果以手工书的形式来表现就会更好"。[②]这种想法与来自意大利的书籍艺术项目的负责人玛利亚·皮亚·阿里纳尼（Maria Pia Alignani）在她的《与孩子一起做手工书的实践指导》[③]一书中所讲述的观点不谋而合。后者参观了一些使用约翰逊方法的小学，在参观过程中注意到走廊的墙壁没有用一般的墙纸覆盖，而是充满了与不同学年学习主题相关的立体手工作品，这些学习主题包括对古希腊与罗马相关的研究。我们可以认为，这些作品类似于我们今天所认识的折叠大书。

1997年，保罗·约翰逊完成了在大学的研究，在这之后他继续致力于在英国和美国推进幼儿园和小学阶段的手工书项目。

戴娜·兹可和折叠书

美国作者戴娜·兹可（Dinah Zike）在近二十年的工作中总结了一些与立体书以及那些可能是第一批折叠大书相关的书名和人名。她在1992年出版的著作《众书之书与实践活动》④获得了学习杂志评出的教师最佳选择奖。

在这本书中，作者介绍了一些迷你书和折叠书的简单样式，这些样式被广泛地推广，应用于在课堂中收集整理学习内容。

戴娜·兹可之后获得了很多其他奖项和荣誉，创立了戴娜·兹可学院，为老师和父母开设课程。现在她是麦格劳–希尔（Mc-Graw-Hill）出版社的中小学教材领域的作者和顾问，出版了大量的书籍，为教育界提供了丰富的材料和学习资源。

家庭教育和折叠大书

在美国，有很多为了适应家庭教育环境而制作的折叠大书。孩子可以在家庭里接受来自家长或者家庭教师的教导以取代在学校的学习。

家庭教育能够实现因人而异的教学方式，尽可能深入并具体地学习主题内容。在这种模式下孩子能够通过与他感兴趣或者正在学习的主题相关的手工来展示他所学的知识。在这种家庭教育理念下做出的折叠大书数量很多，其中很大一部分出现在选择了这种教育方式的妈妈们的博客里，由妈妈们和孩子一起制作。她们中的一些人也期望有一天能够出版这些折叠大书，不论是电子版还是纸质版。

除此之外，还有无数的网站，比如www.homeschoolshare.com，上面有各种经过细致分类的免费的折叠大书素材。

这种类型的折叠大书并不是很适合课堂教学，因为在课堂里并不会选择那么细致的话题，相较于关注每一个个体的兴趣爱好，课堂里更看重把它当作学习材料使用。

第二章

教学与折叠大书

折叠大书是一种多变和具有很强参与性的工具书。可以把折叠大书看作在课程中特别针对某一主题，一点点勾画出路线的三维概念地图，或者是完成了一个主题的学习之后用来概括提炼已学知识的工具。这两种方法都是有效的，重要的是记住：制作折叠大书不是任务，而是一个富有效率、能够使每个儿童都参与进来的教学工具；使用折叠大书不是目的，而是一种综合性的教学手段。折叠大书与笔记本（记录课堂笔记）、教科书（加深和寻找信息）一起成为衡量学习者多种能力的检测工具，这其中包括了研究主题、策划内容、概括分析、制作表格等。

同样重要的是教师在指导儿童制作一本折叠大书的时候，不应该只是提供已经规划完整、只待裁剪粘贴的材料，直接给儿童已经准备完善的材料并没有太大的意义。制作折叠大书的过程应该是有计划的，在接触过材料之后，儿童开始分析他们必须加深理解的已学知识，然后策划、选择模板、独立自主地概括和提炼内容，再选择插画、颜色和字体。这一个完整的过程很重要，它会激发并发展儿童的认知和元认知能力*。

为什么在学校制作折叠大书

在课堂上制作折叠大书有很多优点，主要可归纳为以下三点：

1. 激发动力，触动情感表达；
2. 获取知识，发展学习能力；
3. 合作学习，互相包容。

激发动力，触动情感表达

当儿童自己也参与到学习过程中，他们的学习动力就会被激发出

---

* 译者注：元认知指对认知的认知，是个人对自己认知过程的自我意识和自我控制。

来。从这点来看，在制作折叠大书过程中体现出的个人创造性的活动是至关重要的，因为在这类创造性活动中他们投入了自己的情感。

融入情感是创造性活动的重要基础，也是每一个儿童的兴趣动机。情感驱动着儿童尽他所能地进行创作。他的审美观、他对作品的看法与他最终创造的作品形成了紧密不可分的联系。于是，打开折叠大书进行学习的举动对他来说是自主积极的。儿童乐意记住那些制作过程，以及在这过程中所收获习得的知识。他会专注地看着亲手所做的手工书，心中满是骄傲和成就。他会用他自己的语言、用他以自我思维构筑的三维概念地图不断地进行复习。

获取知识，发展学习能力

得益于从小就开始接触如何策划一本折叠大书，儿童可以习得概括归纳和有效组织空间内容结构的能力。这样的能力一经获得，儿童在面对一篇课文的时候就不会仅仅局限于阅读，而是能够看到文章内里的联系，发掘隐藏在话题之下的深层含义，在脑中对所学知识进行概括，形成一个更多维、更复杂的体系。并且一个依靠制作折叠大书来养成批判性思维的儿童，有能力去寻找并建立自己独特的学习方法。

除此之外，一本折叠大书的完成还需要动用各式各样的能力（语言、图像思维和动手能力）。因此，折叠大书使儿童更容易找到适合他自己的学习模式。在这一观点下，比起单一的图解要点、文章概述、思维地图等学习手段，折叠大书显得更加功能多样、用途广泛。前者因为形式和语句的束缚而无法适用于所有学习环境，折叠大书却允许每个儿童根据个体需要，选择合适的色彩、或精炼或详细的文本、手工插画，进行个性化的模板制作。

只要一想到儿童能够在这一工作过程中收获以上的能力，就不需要再去考虑完成一本折叠大书所花费的时间到底是不是一种浪费。在制作过程结束的时候，一个儿童不仅能够展示出他在这一主题学习过程中收获的知识，而且更重要的是他独立自主地完成了这一创造性活动。

合作学习，互相包容

折叠大书的应用非常注重小组的合作学习，因为通过伙伴之间的交流，儿童更容易发展出辩证思维的能力，这一能力对于完成折叠大书是很重要的。独自一人筛选内容、制作迷你书、组织安排空间形式的繁琐过程毕竟会让人感到略微惊慌和不知所措，而与同伴对话交流，一同制定更适宜的手工计划会让儿童感到更加安定，体会到他人的支持和帮助。因此折叠大书是一种非常具有包容性的工具书。每个儿童为小组贡献出他的奇思妙想，发挥他的擅长之处帮助他人。小组成员一同出谋划策、分配任务，每个儿童在自己能够发挥所长的地方力所能及地工作。

至于那种由一个儿童独立完成所有过程、更个性化的折叠大书，教师应当因人而异安排不同难度的任务。面对一个有着阅读障碍的儿童，教师可以提供已经准备完善的课文，这样儿童就能专注于内容的逻辑组织，着重于上下文之间的联系，多角度地去看问题。由此，儿童不会感到困难，并会产生很大的成就感。而面对一个写字潦草的儿童，可以让他用电脑输入文章，依靠自动纠错器来完成正确输入。至于有书写障碍的儿童，就可以完全在电脑上完成文章和模板，然后根据需要打印下来，按照教师的要求进行下一步的裁剪、折叠、制作。

在最初阶段，作品的结构受教师的影响很大，完成的折叠大书外表看上去可能几乎一样，但里面由儿童自己制作的内容却是有差别的。教师可以借此区别不同的类型，例如有的作品里文字很多，有的作品则只涵盖了几个关键词。对于在制作过程中遇到困难的儿童来说，他并不会感到自己被差别对待了，因为他的折叠大书从外表看上去和同伴的没有什么大的差别。

与教育学的关联

接下来我们会将折叠大书这一工具与一些教育学学者联系在一起。这样能够明确折叠大书的优点，突出它使课堂学习变得更有效率的作用。

埃德加·戴尔和学习金字塔

埃德加·戴尔（Edgar Dale），美国教育学家，他在研究中观察到学习内容的多与少很大程度上受到学习主体的行为和体验经历、情感的影响。他在学习金字塔中系统地陈列了他的推断（图2.1），这一金字塔模型告诉我们：越是积极参与学习过程的儿童，就越能够记住他所学的内容。

制作一本折叠大书的过程里面还包括了学习反思的步骤。儿童需要自己主动去阅读，与同伴讨论所选主题下的相关内容。折叠大书的制作过程将儿童放在学习金字塔的最底层，在那里他们就是主导学习行为的主人。

两周后进行回忆		参与过程的特性	
记住10%读过的内容	阅读	言语刺激	被动接受
记住20%听过的内容	听讲		被动接受
记住30%看过的内容	看图片	视觉刺激	被动接受
记住50%同时听过和看过的内容	看影像 看展览 看示范 现场观摩		被动接受
记住70%自己说过的内容	参加讨论 做非正式演讲	参与	主动接受
记住90%自己说过和做过的内容	做报告 模拟体验 实际操作	实践	主动接受

图2.1 埃德加·戴尔的学习金字塔⑤

鲁道夫·阿恩海姆与视觉思维

鲁道夫·阿恩海姆（Ruddf Arnheim）是第一批研究视觉思维⑥的学者之一，他分析了图像思维的能力，区分了认识时空的视觉和听觉感官。对阿恩海姆来说视觉认识是大脑的一个活跃过程，包括思维和解决问题的结果。也就是说通过理解分析图像我们能够组织信息、得出含义。

折叠大书给视觉思维提供了可实现的具体形式。实际上使用资料模板和绘画能让儿童在学习过程中最大限度地利用视觉思维的优势。视觉语言可以与逻辑–思维语言相提并论。

约翰·杜威的"做中学"

折叠大书是一种能归类到"做中学"（边做边学）范围内的工具书。"做中学"是约翰·杜威（John Dewey）教育学的基本原则⑦，这一原则把儿童看作学习行为的中心。学习的过程并非一知半解、浅学辄止，人作为主观能动的主体，积极思考，与他周围的环境进行交互。

运用折叠大书这一工具，儿童边做边学，同时发展和增强了元认知能力。儿童积极主动地处理学习内容，时不时停下来反思，并规划学习活动。在考虑分析主题和细分内容的过程中，儿童学会高度专注，以必要的、辩证的态度进行观察学习，策划折叠大书的结构和内容，谨慎高效地选择要使用的交流符号（文本、封面、图像等）。

玛利亚·蒙台梭利与主动学习

玛利亚·蒙台梭利（Maria Montessori）也很重视图像的空间组织、体验之后的主动学习以及儿童时期的发散性思维。[8]与她的理念相符，折叠大书可以让儿童根据自己的水平，用自己的双手把抽象的概念化作具体的操作实践。玛利亚·蒙台梭利认为折叠大书作为一种工具书能够满足儿童探索发现的需求，儿童受到周围环境的启发，自发地建立起自己的知识体系。

折叠大书要求儿童自己来完成整个策划和制作折叠大书的工作。儿童需要独立自主地开展认识发现的过程，这与蒙台梭利提出的"帮助我，让我自己做"的理念相符。蒙台梭利的一些教育工具，比如顺序卡和单词卡，也可以集成在折叠大书内部。

詹姆斯·吉布森与功能可供性

认知心理学家詹姆斯·吉布森（James Gibson）[9]研究了对事物功能属性的直接理解，强调了事物的特征和形态，他将这定义为可供性（形状、大小、颜色、方位），提出了如何使用这些可供性的建议。折叠大书内部的迷你书和活动页模板必须要能一下就抓住阅读者的眼球，如果无法通过形式来引人注目的话，就要尝试利用色彩或关键词来吸引注意力。

西莱斯汀·弗雷内与合作学习

西莱斯汀·弗雷内（Célestin Freinet），被认为是法国主动学习理念最主要的支持者，他提出了一些教学方法，如"散步课程"、"自由课本"、"学科联系"、"印刷复印"，最终儿童可以制作出一个收集和保存了学习材料的手工作品。当然，把这些方法手段结合起来完整实施需要与同学、老师一起合作。[10]

折叠大书适合在小组中进行策划和制作，它总是伴随着直接的体验实践，每个实践活动之后都可以制作一本迷你书。除此之外，折叠大书可以被收藏在图书馆内，也可以在班级中互相交换阅读。

如何以及何时在学校中使用折叠大书

幼儿园

从幼儿园起就可以使用折叠大书了。这个年龄的儿童可以先看一下已经制作好的折叠大书，然后在已经打印好的简单模板的基础上动手制作，大书中的内容也较少。

制作折叠大书的计划可以完全交给教师。教师事先复印好所需的材料，引导儿童制作，告诉他们怎样把各部分粘贴在一起。

小学

一、二年级

在小学一、二年级的阶段，建议教师负责折叠大书的制作计划，儿童一点点地参与进来，手写短句，画出与文本相应的插画，慢慢建立自信。儿童接触的都是基础性质的任务，由个人或小组合作完成。

三年级

小学三年级就可以开始让儿童加入折叠大书的策划过程了，在黑板上写出计划（见本书第三章里的"确定内容和设计形式"），一起思考选择学习的主题、内容，选择使用的迷你书样式、关键词和颜色。制作过程可以这样开展：把整个实践活动的计划写在黑板上，儿童以3～4人为一小组，每一个组员制作一个或多个迷你书。教师把空的文件夹（100 cm×70 cm卡纸）挂在墙上，儿童把制作好的迷你书贴在文件夹内，同时思考内容表达是否有组织性、逻辑性。教师需要让儿童注意到活动页模板摆放顺序也是很重要的，要兼顾形式的优美和色彩的和谐。教师可以在询问所有儿童的意见之后，对文件夹中的迷你书进行合理安排，再将迷你书贴在文件夹内。

在儿童经历了2～3次这种类型的实践活动之后，可以尝试更进一步：重新分配儿童，以3～4人为一组，提供给每组已经填好的计划表。儿童要自己寻找信息、概括课文、制作迷你书，然后把它们装入文件夹（50 cm×70 cm卡纸）。之后教师可以决定是否给儿童一些自由发挥的空间，让他们自己进行策划，但最好每次只侧重于一个方面。

四年级

小学四年级开始可以直接提供给各小组一张空白的计划表。每组要在同一个主题下制作折叠大书（50 cm × 70 cm卡纸），儿童需要独自完成选择内容、插画、颜色和迷你书样式，进行空间组织的完整工作。在这种情况下可以看到，同样的主题可以有不同的制作方式，有的方法会更加有效率。

四年级的教师可以让儿童尝试制作个人的折叠大书。先给出学习主题，然后让儿童自己选择要完成的工作。更有效率的做法是让儿童完全独立自主地开始折叠大书的制作，可以是有关于一种动物、一个参观过的地方、一本读过的书。这样儿童可以专注于确定的主题，更容易开展研究内容，教师也可以给予帮助，提出一些合适的主题。

最初的独立制作的个人大书应该是完全在课堂上完成的包括从计划到制作的整个过程，教师在其中检查、引导，但不应限制儿童的发挥。

更高年级的课堂

如果已经在课堂上提出了制作成折叠大书的学习主题，儿童就可以专注于制作过程，这需要3～4个月的时间，一直到二年级的课堂都是这样的。到三年级左右也可以用3～4个月的时间来完成制作一本。从四年级或五年级开始，儿童就可以同时制作两本折叠大书了。

折叠大书作为一种工具书，对初一初二的学生来说也很有必要。教师可以介绍如何使用电脑来收集、查找资料以及运用电脑来制作迷你书页面。

跨学科

折叠大书是一种使儿童能够把不同学习材料联系在一起的理想工具。实际上，一本关于小说的折叠大书是可以有一本与故事发生地点相关的迷你书，或者有一本探讨不同时代对人物角色看法的迷你书的，这样可以加深并扩展阅读。这使得各个不同学科的教师都能够与折叠大书的制作产生联系，每个教师都能够帮助儿童理解不同学科的知识，而这些内容之间又有着很强的关联性。

鉴于以上提议，本书提供了5个在小学阶段使用折叠大书的例子（表2.1～2.5）。针对每一个年级列出五本折叠大书，每一本对应一个学科，大书由若干本迷你书组成，内容可能涉及学科。

表2.1

适合一年级的折叠大书例子

大书主题	涉及不同学科的迷你书					
	语文（意大利语）	历史	地理	数学	科学/技术	艺术/音乐
语文主题《字母表》	•字母表 •元音 •辅音 •词汇表，比如动物的名称		•所提及的动物所生存的环境	•归类：把动物分类到更小的种群	•杂食动物、食肉动物与食草动物	•每个动物的形象图画
历史主题《一日记事》	•主题诗歌和童谣	•早晨 •下午 •晚上 •深夜		•一天中的时刻：8:00、12:00、16:00、20:00	•地球和太阳：黎明与日落	•梵高的作品中表现出的一日时光
地理主题《我的学校》	•主题诗歌和童谣	•学校的历史渊源	•坐落地址：街道、城区、城市、国家、大陆、星球 •我的教室 •庭院 •体育馆 •食堂 •紧急逃生方案			•学校的建筑风格
数学主题《10以内的偶数》	•童谣			•10以内的偶数：总和、规则等		•歌曲
科学主题《农场》	•动物的故事	•祖父母时期的农场和我们现在的农场	•山中林场与平原农舍		•农场中的动物	•歌曲

表2.2

适合二年级的折叠大书例子

大书主题	涉及不同学科的迷你书					
	语文（意大利语）	历史	地理	数学	科学/技术	艺术/音乐
语文主题《水的家族》	• 含有意大利语音节 cqu 或者 cu 的单词		• 画有大海、湖泊、河流的世界地图		• 水循环 • 河流、湖泊、海洋中的动物群和植物群	• 雨声
历史主题《爷爷奶奶》	• 对爷爷奶奶的采访 • 故事和诗歌	• 以前的生活		• 爷爷奶奶在采访中回答的数据	• 在爷爷奶奶的时代，物品是什么样的 • 出版业的历史变迁	
地理主题《自然与人文》		• 展示景色变迁的图片史料	• 自然景观 • 人文景观 • 没有受到污染的地方 • 适宜居住的地方		• 帮助人类改造生存环境的机器	
数学主题《乘法表》	• 童谣			• 0 的运算规律 • 1 的运算规律 • 2～10 的乘法表		• 曼陀罗 • 歌曲
科学主题《植物的组成部分》	• 有关植物的专业术语	• 历史上第一个出现的植物（水藻） • 植物的四季生命循环	• 植物适应环境：沙漠植物、海洋植物、苔原植物等	• 从一棵树的年轮看出它的寿命	• 茎干 • 花朵 • 叶 • 根	• 歌曲

表2.3

适合三年级的折叠大书例子

大书主题	涉及不同学科的迷你书					
	语文（意大利语）	历史	地理	数学	科学/技术	艺术/音乐
语文主题《童话故事》	•人物 •作者 •有名的童话 •如何写一篇童话故事	•格林兄弟所处的历史时期 •夏尔·佩罗所处的历史时期 •安徒生所处的历史时期	•现实中存在的城堡地点 •黑森林		•森林中的动物 •食物链 •豢养动物	•童话故事的插画 •童话设计 •将一则童话故事改成漫画 •听"彼得与狼"的故事
历史主题《史料》	•文字史料：书籍、信件、纸莎草等 •口头史料：人种学	•实物史料 •专家学者：历史学者、人类学者等 •时间线	•地图及制图学		•地质学者和岩石 •古生物学者和化石	•图像史料：绘画、明信片、壁画、照片和影像
地理主题《山脉》	•山中的生活：海蒂	•伟大的远征：勃朗峰、珠穆朗玛峰等 •伟大的意大利登山者	•山脉的组成部分 •山峰 •水文科学 •自然公园 •热力因素	•数据：阿尔卑斯山、亚平宁山脉	•动物群 •植物群 •岩层 •水循环	•与山有关的流行歌曲
数学主题《单位》		•不同的长度测量单位：罗马里、英寸、绳结	•测量教室中的物品 •画出教室的平面图	•长度单位 •体积单位 •重量单位	•物质的状态：水及其体积	
科学主题《水循环》	•水的家族词：针对拼写障碍的强化	•历史事件：洪涝、海啸、干旱	•山与水 •水与平原 •大海 •大气层	•天气的数据	•水循环 •水的物理状态 •实验	•水彩画

表2.4

适合四年级的折叠大书例子

大书主题	语文（意大利语）	历史	地理	涉及不同学科的迷你书 数学	科学/技术	艺术/音乐
语文主题《冒险小说》	• 人物 • 冒险小说的叙述规律 • 作者：R.L.史蒂文森，E.萨尔加里 • 名著节选：《汤姆·索亚历险记》《金银岛》《八十天环游世界》	• 深化阅读小说里的习俗文化：印第安人、海盗、苏伊士运河	• 小说中冒险的地点：密西西比河、西印度群岛、印度		• 相关深化阅读：密西西比河的动物群、观察指示方位的星星、旅行用的交通工具——船、蒸汽火车	• 相关深化阅读：密西西比三角洲、海盗之歌、蓝调、冒险旅行中见到的建筑风格
历史主题《埃及人》	• 象形文字的深化阅读：从遗迹时期至现在的字体演变	• 时间线 • 文化习俗 • 职业 • 神纸 • 法老 • 社会	• 埃及 • 尼罗河 • 地中海 • 红海		• 如何制造一个金字塔 • 木乃伊的制作过程	• 埃及的建筑和绘画艺术
地理主题《意大利》	• 意大利的诗歌	• 意大利统一的历史	• 边界 • 山脉、河流、平原 • 岛屿、海洋、城市	• 怎样计算人口密度 • 欧元硬币和纸币上的历史 • 遗迹、艺术作品和人物	• 达芬奇的机器 • 重要的科学家：马可尼、费米等	• 重要的艺术历史 • 遗迹：斗兽场、新堡等 • 马梅利赞歌
数学主题《几何形物体》		• 金字塔形底部的不同世界文化	• 标注建筑遗产的世界地图	• 平面几何图像（边、角）以及它们的周长 • 立体几何		• 透视法
科学主题《细胞》		• 什么时候、谁发现了细胞		• 显微镜的单位 • 放大镜的概念	• 动物细胞 • 植物细胞 • 显微镜	

表2.5

适合五年级的折叠大书例子

大书主题	语文（意大利语）	涉及不同学科的迷你书				
		历史	地理	数学	科学/技术	艺术/音乐
语文主题《日记》	• 如何写日记 • 阅读一些著名的日记：安妮·弗兰克的日记	• 相关深化阅读：20世纪初，第二次世界大战、大屠杀与回忆录	• 相关深化阅读：托斯卡纳大区、被卷入第二次世界大战的国家		• 相关深化阅读：原子弹及发明原子弹的科学家们	
历史主题《罗马人》	• 罗马建城的传说 • 拉丁文诗人和作家：维尔吉利奥、奥维德、尤里乌斯·凯撒等	• 罗马社会（贵族和平民） • 君主政体、共和国、帝国、衰落 • 侵略战争、布匿战争 • 皇帝及罗马社会中的重要人物 • 角斗士	• 罗马：通过分析重建罗马的罗马城 • 高卢和不列颠 • 迦太基 • 斗兽场	• 罗马数字	• 建造罗马的技术：道路、城墙、水道等	• 马赛克 • 笔画 • 新视觉幻法 • 罗马时期的乐器
地理主题《特莱蒂诺—阿尔托阿迪杰大区》	• 特莱蒂诺—阿尔托阿迪杰大区的传说	• 道路网 • 罗马化的地区 • 女巫 • 历史上的奥匈帝国 • 蒂罗尔 • 城堡	• 政治地图、地形图、气候、人口、环境、阿迪杰河、多罗米缇山、稀有语种	• 人口密度及稀有语种人口的数据和图表	• 纺织 • 丝绸 • 小屋 • 木材贸易	• 阿奎拉塔的月份
数学主题《欧元》		• 交易 • 货币的诞生 • 里拉（意大利货币） • 欧元	• 使用欧元的国家	• 换汇 • 买卖的问题与形势	• 如何生产纸币（镶金、纸的种类、墨水）	• 圣歌
科学主题《能源》		• 爱迪生与电灯 • 伏特与电流 • 爱因斯坦担与核裂变	• 水力发电 • 风力发电 • 核能发电 • 太阳能发电	• 焦耳（热量单位） • 瓦特（功率单位） • 伏特（电压单位）	• 自然能源 • 人工能源 • 创新能源	

第三章

如何制作一本折叠大书

准备材料

制作一本折叠大书并不需要非常特殊的材料，但还是建议在开始制作之前把所有可能需要用到的材料准备好，以免在制作过程中出现中途停止、浪费时间的情况。

需要事先准备好一批A3（297 mm×420 mm）和A4（297 mm×210 mm）尺寸规格、重200克的彩纸和白纸用于制作大书的文件夹部分。选择这么厚重的纸是为了确保制作出来的文件夹足够牢固宽大，可以完全容纳大书里装入的迷你书。

至于大书内部的迷你书所用的A4纸重量在120至180克之间。不推荐使用常见的80克的复印纸，因为它会导致迷你书的翻页因为频繁的翻动而折皱。

准备好每种可能用到的彩印纸和方格纸，其他必不可缺的材料还包括为了制作不同类型的迷你书而用到的大头针（或分腿钉）和锥子。

需要准备多种颜色的铅笔、彩笔，还需要剪刀、固体胶、钢笔、黑色签字笔、素描铅笔、橡皮、卷笔刀和直尺。

最后，还需要提前准备在这章末尾所列的各种制作计划表的复印件。

确定内容和设计形式

当开始策划一本折叠大书的时候，首先要做的事就是决定主题。然后系统地列出所有与这个主题相关的子话题，每个子话题都由一本迷你书来呈现。要注意寻找并使用与内容相呼应的迷你书表现形式。

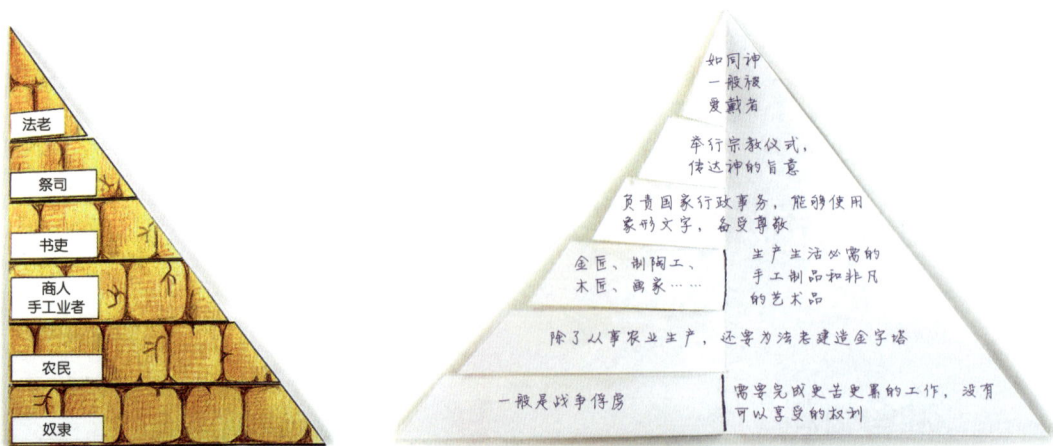

图3.1 形式呼应内容的迷你书例子：用金字塔形翻页书表现历史上的人类社会阶级

比如可以选择用金字塔形的翻页书来表现历史上的人类社会阶级（图3.1）。

计划表

本章的末尾有为制作折叠大书而提供的计划表。它可以帮助初次接触折叠大书的人（教师、儿童、父母）明确制作的环节，以正确的顺序推进步骤。可以将计划表复印后使用，借助计划表来收集信息、选择风格。计划表可以帮助制作者直接规划完整的制作活动，省去查找的中间过程，专注于任务的基础部分。

本书中列举了丰富的迷你书示范实例，有助于在充分了解后根据主题内容选择迷你书样式。

让我们来详细看一下计划表的结构组成以及它的使用方法。

在计划表A上，上半部分写上折叠大书的标题、主题内容和制作者的姓名。下半部分有一个图表，可以记录选择的文件夹样式，还可以收集三本迷你书的相关信息。在右边的一列里可以粘贴表示文件夹和迷你书样式的图案作为制作前的准备（从计划表C中剪下对应图案），并标明该样式的模板在配套模板集中的编号，以便在制作时复印使用。

计划表B的上半部分是折叠大书的标题和制作者姓名。中间四个部分用来写与主题相关的信息和迷你书样式。如果一本折叠大书需要制作更多的迷你书，只要把这个计划表多复印几张即可。

计划表C上是本书提及的多个迷你书样式的图案，可以根据需要复印这一页，剪下图案，粘贴在表A和表B的第三列上，这样就有了所需文件夹和迷你书样式的缩略图。

计划表D～I都是不同样式的文件夹的计划表。这些计划表帮助规划文件夹内的空间布置。一般，一本折叠大书内的迷你书数量有很多，让它们有序和谐是大书制作的基本要求，因此迷你书的位置安排要做到一定程度上的对称平衡。重要的是不要让空间过度拥挤，迷你书如果挨得太近会出现混淆。

借助计划表J和K，教师能够记录小组（表J）或者单个儿童（表K）选择使用的模板样式，以便事先为他们准备好材料。

计划表L用于打分和自我评估。在工作结束之后，单个儿童或者整个小组从多个不同的方面，给每一项评价标准从1到10进行打分。在表格第二列，教师给出一个综合评价。借助计划表M，教师可以收集和记录不同小组的评估结果。

为了详细说明怎样使用计划表，我们举一个以安托万·德·圣·埃克苏佩里所著的《小王子》为主题的折叠大书的例子。

阅读故事《小王子》之后，我们先使用计划表A和表B，在表中写上内容。

经典型文件夹

环衬区

标题区

侧区

如何制作一本折叠大书 ◇ 45

小组使用的模板   J

模板	组1	组2	组3	组4	组5	总计
1						
2						
3						
4						
5						
6						
7						
8						
9						
10						
11						
12						
13						
14						
15						
16						
17						
18						
19						
20						
21						
22						
23						
24						
25						
26						
27						
28						
29						
30						
31						
32						
33						
34						
35						
36						
37						
38						
39						
40						
41						
42						
43						
44						
45						
46						
47						
48-49						
50-51-52-53						
54-55						
56						
57-58-59						
60						
61						
62						
63						

如何制作一本折叠大书 ◇ 51

自我评估表   L

小组/个人：

每一项打分范围是1～10分

评估标准	小组/个人评价	教师评价
计划表的使用		
文件夹样式的选择		
单本迷你书的选择（样式和内容）		
迷你书的组织逻辑		
空间利用的合理		
字体的选择		
颜色的选择		
文本概述和插画		
小组内部的任务分工		
做任务时的自主性		
总分		
平均分		

所有小组的评估汇总表   M

每一项打分范围是1～10分

评估标准	组1	组2	组3	组4	组5	组6	组7	组8	组9	组10
计划表的使用										
文件夹样式的选择										
单本迷你书的选择（样式和内容）										
迷你书的组织逻辑										
空间利用的合理										
字体的选择										
颜色的选择										
文本概述和插画										
小组内部的任务分工										
做任务时的自主性										
总分										
平均分										

如何制作一本折叠大书 ◇ 53

在确定需要制作11本迷你书之后，决定使用经典式的文件夹样式，因为这种文件夹可以提供最大的容量。同时也在计划表上记下文件夹的颜色——我们选择了黑色，因为黑色让人联想到小王子在宇宙中的旅行。还在计划表上写下文件夹的内部空间要做出星空的效果。

这时我们重新逐条阅读计划表上单本迷你书的内容，根据迷你书中问题的数量、关键词和主题，我们选择这本迷你书适合使用的样式。从计划表C中剪下对应的图案，粘贴在表A和表B的第三列上，同时写下对应的模板编号。

有时可能会出现无法找到符合要求的迷你书模板的情况：这时就有必要修改一下已有的模板，或尝试着设计个性化的模板，可以在计划表中将此记录为"需要手工制作的迷你书模板"。

把所有的迷你书模板分门别类之后，就使用计划表D来设计迷你书在文件夹内的位置和大小。

大书标题: 小王子
主题: 安托万·德·圣·埃克苏佩里
　　　《小王子》概要
制作者: 日涅瓦和朱蒂塔

文件夹	样式: 经典型 颜色: 黑色 用彩片和亮油来画出星空的效果	样式 ___W1___ 模板 ___1___
迷你书的内容	**1** 封面 (手工制作) —长方形, 绘有小王子的人物形象, 写上标题 —顶部写上故事书的第一句: "从前 有个小王子住在……"	样式 _____ 模板 _____
	2 长方形: 故事书《小王子》的书名、 作者、主角、地点、故事情节	样式 ___QT___ 模板 ___62g___
	3 飞行员: 飞行员在空中飞翔的绘画, 对人物形象的叙述	样式 ___SFQ3___ 模板 ___35___

大书标题：小王子

制作者：日涅瓦和朱蒂塔

4	小王子：小王子的绘画以及对人物形象的描述	样式 FY1.5 模板 16b
5	B612小行星的绘画，内部有小王子和玫瑰 画出落日和三个火山	样式 LT1 模板 56
6	对B612小行星的描述 —自然元素 —危险性	样式 FY2 模板 20a
7	对玫瑰的描述：使用玻璃温室形状的翻页迷你书样式 在上面画玫瑰图案，内部写相关说明	样式 QT 模板 61c

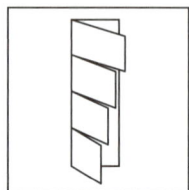

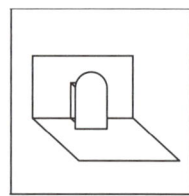

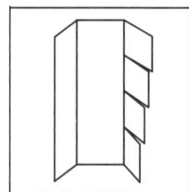

迷你书的内容

大书标题：小王子

制作者：日涅瓦和朱蒂塔

<table>
<tr>
<td rowspan="4">迷你书的内容</td>
<td>8</td>
<td>制作一个口袋，收集故事书中的美句</td>
<td>样式　KD3
模板　41</td>
</tr>
<tr>
<td>9</td>
<td>在小行星上的旅行，与小王子相遇的人：
—325国王　　—328银行家
—326傲慢鬼　—329灯夫
—327酒鬼　　—330地理学家</td>
<td>样式　ZY4
模板　54, 55</td>
</tr>
<tr>
<td>10</td>
<td>在地球上相遇的人物和相遇的地点
大头针固定口袋式迷你书：狐狸、蛇</td>
<td>样式　KD1.4
模板　39</td>
</tr>
<tr>
<td>11</td>
<td>可以立体展开的地球图
在不同层上分别画出沙漠、井、降落的飞机</td>
<td>样式　LT2
模板　57, 58, 59</td>
</tr>
</table>

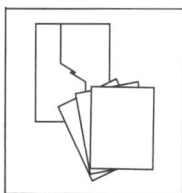

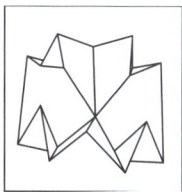

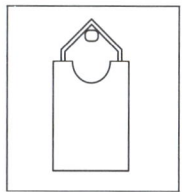

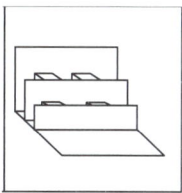

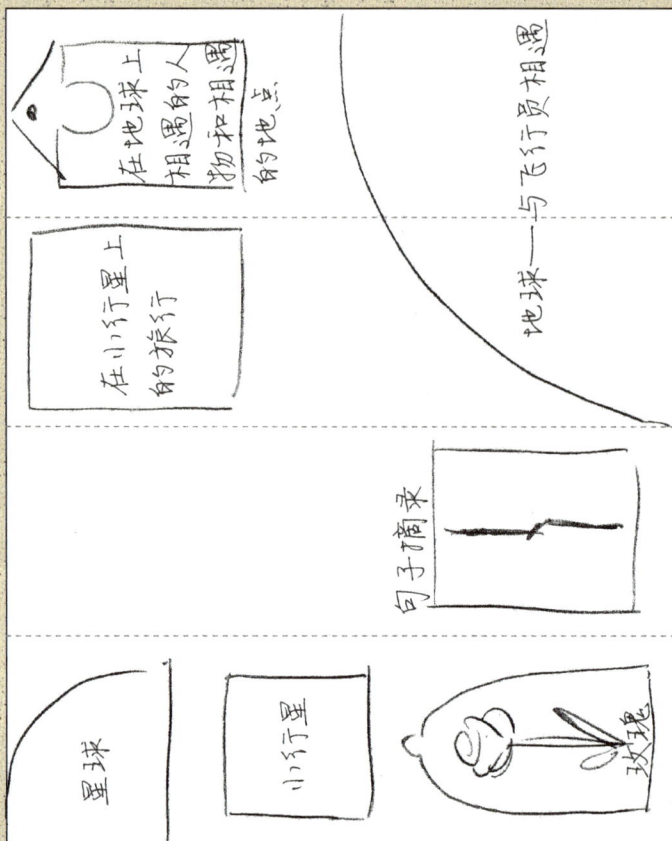

完全展开

前两页

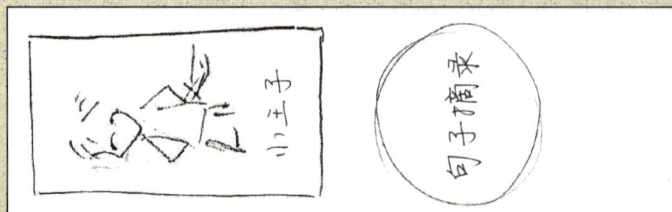

封面

经典型文件夹

D

到这一步，剩下的事情就是动手制作迷你书，根据模板上的指示操作，复印裁剪所需的迷你书模板。

如果需要复印，对教师来说表J和表K是很有用的。在这两个计划表中可以快速地标记小组或单个儿童选择的模板类型，以及每个模板所需的复印数量。

图3.2和图3.3展示了最终的制作成果。

图3.2 折叠大书《小王子》

图3.3 折叠大书《小王子》的细节图

其他建议

· 在制作主题丛书的时候（同一个主题的多个折叠大书），建议儿童按照同样的模式制作迷你书，这样有利于视觉上的记忆，便于信息的发现和采集。

· 在课堂上分配迷你书的制作任务，如果需要复印迷你书的模板，可以在计划表上标记模板的编号，这样儿童不仅可以自主完成任务，在有需要的时候还可以凭编号让教师帮助复印。

· 可以为每一种迷你书模板都制作一个文件夹，在里面标记出相应的模板编号，在模板下面粘贴上迷你书的实例。这样儿童可以看到迷你书模板具体的形状，更容易选择出合适的迷你书样式。

迷你书的样式需要根据想要书写的内容来作出选择。因此在计划阶段，明确好主题和内容就显得十分重要。

至于相关材料的准备，建议使用厚一点的纸来制作折叠大书，重量至少达到160克，这是为了避免因频繁翻页而导致损坏。

在本书中，为了使读者更容易理解单个模板的实际操作和使用，每个模板都提供了1～3个实例（第四章、第五章）。

计划表

大书标题: _____

主题: _____

_____

制作者: _____

文件夹	样式: _____ _____ 颜色: _____ _____	模板 _____
1	_____ _____ _____ _____ _____	模板 _____
迷你书的内容 **2**	_____ _____ _____ _____	模板 _____
3	_____ _____ _____ _____	模板 _____

大书标题：_____

制作者：_____

迷你书的内容

模板 _____

模板 _____

模板 _____

模板 _____

文件夹

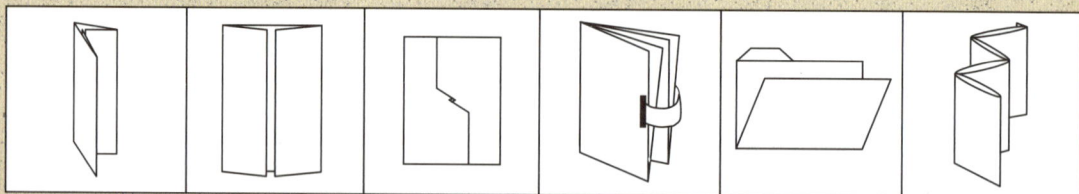

迷你书

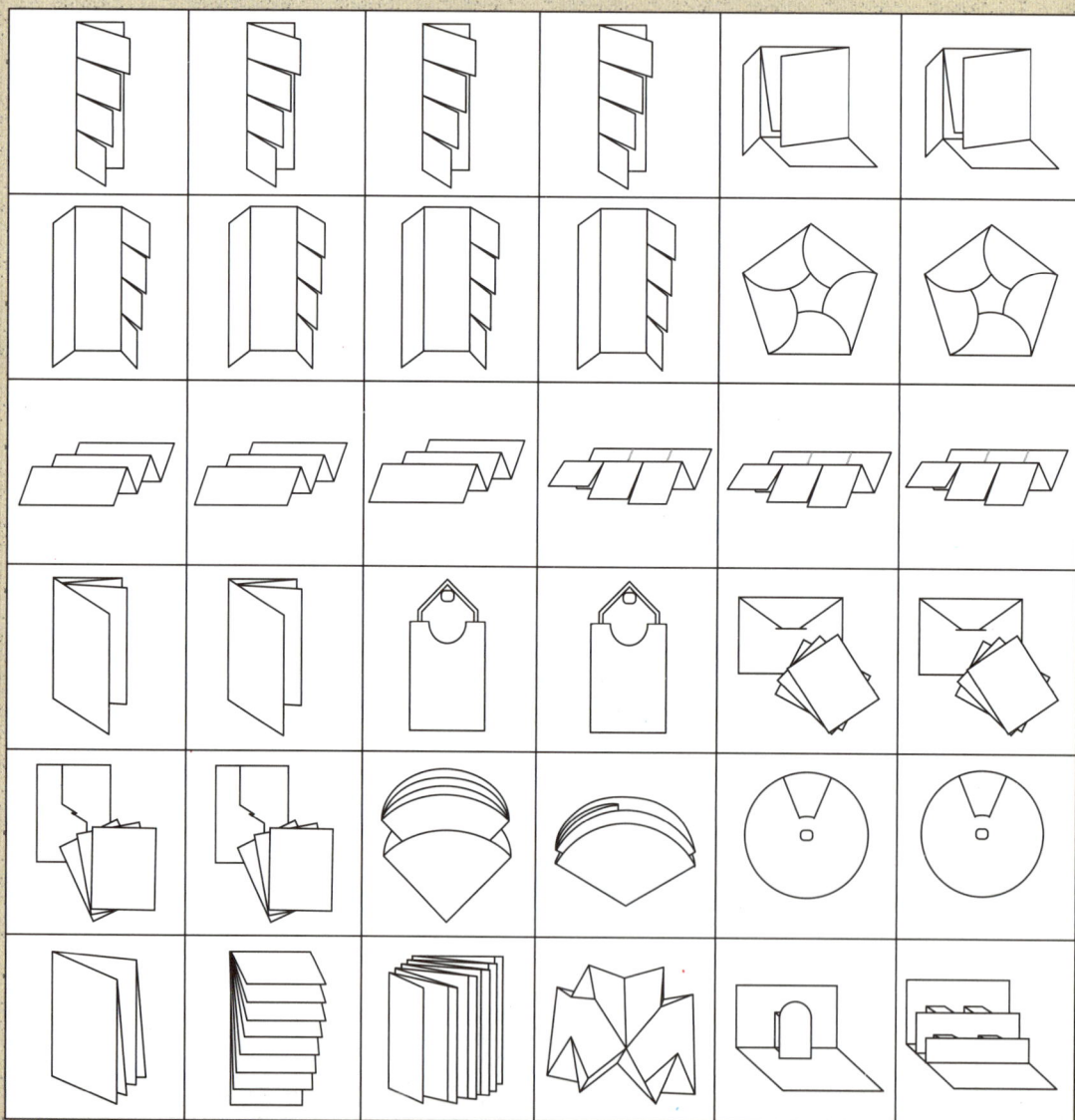

经典型文件夹

完全展开

前两页

封面

完全展开

封面

迷你主题型文件夹

完全展开

封面

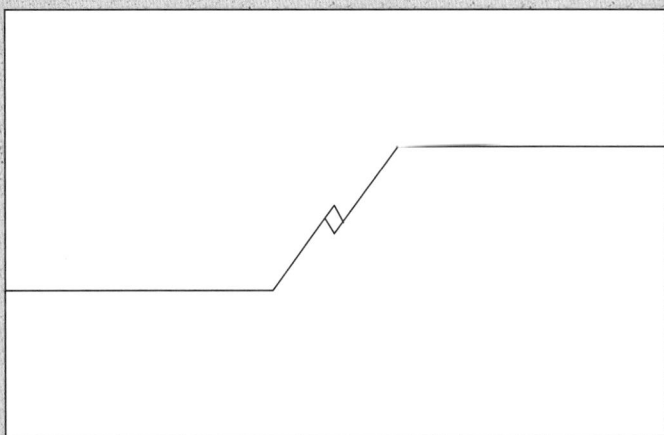

完全展开

封面

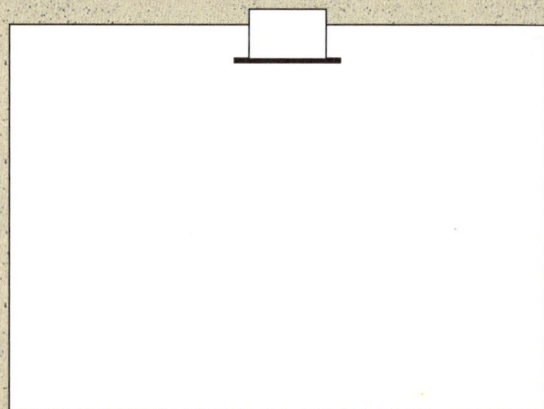

迷你书型文件夹

G

完全展开

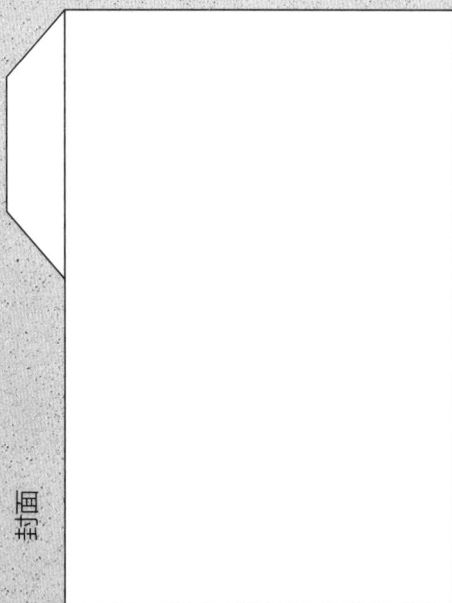

封面

文件袋型文件夹

H

收纳袋型文件夹

小组使用的模板

模板	组 1	组 2	组 3	组 4	组 5	总计
1						
2						
3						
4						
5						
6						
7						
8						
9						
10						
11						
12						
13						
14						
15						
16						
17						
18						
19						
20						
21						
22						
23						
24						
25						
26						
27						
28						
29						
30						
31						
32						
33						
34						
35						
36						
37						
38						
39						
40						
41						
42						
43						
44						
45						
46						
47						
48-49						
50-51-52-53						
54-55						
56						
57-58-59						
60						
61						
62						
63						

模板																				总计
1																				
2																				
3																				
4																				
5																				
6																				
7																				
8																				
9																				
10																				
11																				
12																				
13																				
14																				
15																				
16																				
17																				
18																				
19																				
20																				
21																				
22																				
23																				
24																				
25																				
26																				
27																				
28																				
29																				
30																				
31																				
32																				
33																				
34																				
35																				
36																				
37																				
38																				
39																				
40																				
41																				
42																				
43																				
44																				
45																				
46																				
47																				
48-49																				
50-51-52-53																				
54-55																				
56																				
57-58-59																				
60																				
61																				
62																				
63																				

自我评估表 **L**

小组/个人：_____

每一项打分范围是1～10分

评估标准	小组/个人评价	教师评价
计划表的使用		
文件夹样式的选择		
单本迷你书的选择（样式和内容）		
迷你书的组织逻辑		
空间利用安排		
字体的选择		
颜色的选择		
文本概述和插画		
小组内部的任务分工		
做任务时的自主性		
总分		
平均分		

所有小组的评估汇总表 **M**

每一项打分范围是1～10分

评估标准	组1	组2	组3	组4	组5	组6	组7	组8	组9	组10
计划表的使用										
文件夹样式的选择										
单本迷你书的选择（样式和内容）										
迷你书的组织逻辑										
空间利用安排										
字体的选择										
颜色的选择										
文本概述和插画										
小组内部的任务分工										
做任务时的自主性										
总分										
平均分										

第四章

文件夹的不同样式及使用实例

作为学习资料袋使用的折叠大书，外层的文件夹可以有多种样式和尺寸规格。在折叠大书最为广泛使用的美国，如果在网上寻找相关样例，找到的大多数实例的尺寸都很大，展开之后有整个桌子那么宽，或者是打开后能平铺在地板上的。

这种大型文件夹尺寸适用于家庭教育的环境，而家庭教育在美国又十分普遍。但在一个25人的教室里，其实是容纳不下这种大型手工书的。因此本书提供了多种方便儿童在类似书桌的狭小空间上进行手工制作的文件夹样式。另一个让我们作出这种选择的动机是儿童喜欢将折叠大书拿在手上，随时打开玩耍。书越大，儿童越不想使用。

本书中，我们提供的文件夹样式有以下6种：

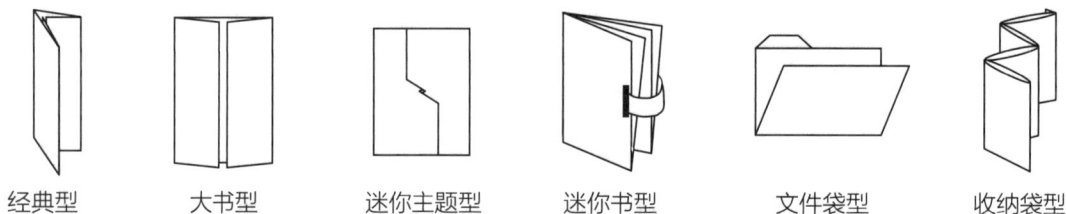

| 经典型 | 大书型 | 迷你主题型 | 迷你书型 | 文件袋型 | 收纳袋型 |

文件夹的样式在制定制作计划的时候就要确定下来，认真地考虑选择的主题和想要实现的最终形态。

经典型、大书型、文件袋型三种样式是用A3尺寸的卡纸折叠而成的，而迷你主题型和迷你书型是由A4尺寸的卡纸制作的。收纳袋型由一张或多张A3尺寸的卡纸制作，就如我们之前在材料准备中提到的一样，建议使用200克重的卡纸来制作文件夹。

文件夹的颜色也是十分重要的。比如在一套与环境有关的折叠大书系列中，共有4本大书，每本对应一个环境，此时每本大书的颜色就应该与环境相呼应，令人想起地图上的对应颜色。比如可以使用褐色来代表山川，蓝色代表大海，绿色代表植被，米黄色代表丘陵。

在以下部分里陈列了每种文件夹的平面设计图，并附加了使用指导和实例图片以方便理解和使用。同时，在本书配套的模板集中也提供了相应的模板，以方便复印后使用。

经典型文件夹

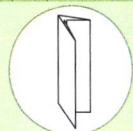

适用对象

针对任何主题的信息收集

说明

这种文件夹可以容纳长度不超过10 cm的迷你书。

制作步骤

1. 使用空白的A3尺寸规格（297 mm×420 mm）的卡纸

2. 沿虚线折叠，将两侧从外向内折

3. 再对折

模板

1

（将模板放大至161%后复印使用）

1

2

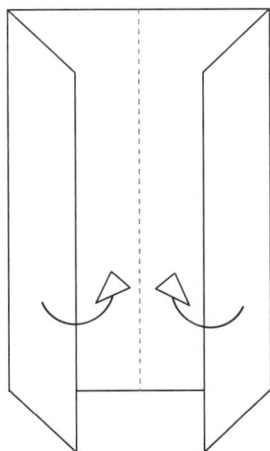

3

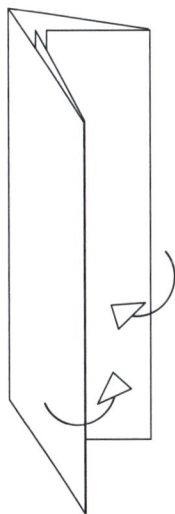

《小王子》

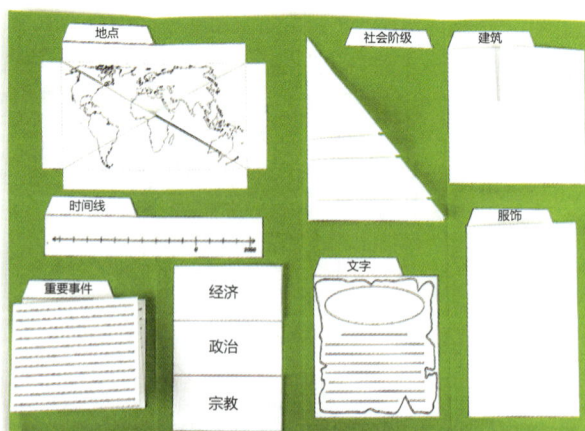

《伟大的文明》

大书型文件夹

W2

适用对象

既定主题下的信息收集

说明

这种文件夹建议在要强调中心主题的时候使用。可以容纳尺寸较大的迷你书。

制作步骤

1. 使用空白的A3尺寸规格（297 mm ×420 mm）的卡纸
2. 沿虚线折叠
3. 将两侧从外向内折

模板

2

（将模板放大至161%后复印使用）

1

2

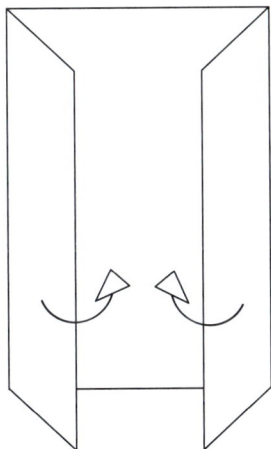

3

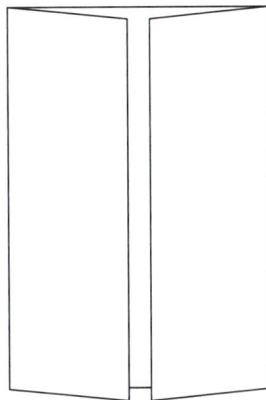

表情符号

姓名
班级

目录：
· 拼贴的表情符号
· 感情的强烈程度
· 表情符号集
· 对表情符号的观点看法
· 我感到⋯⋯

表情符号能表达不同程度的感情。

有时我们在心灵深处会被某件事所触动，突然产生某种情绪，转动转盘展示出相应的表情吧。

开心

伤心

表情符号集合

《表情符号》

水循环

姓名：
班级：三年B班

目录：
· 气象报告
· 大气运动
· 水的特性
· 水的存在状态
· 科学实验

气象报告

月份：10月

日期

大气运动

图片

解料

水的特性

固态
液态
气态

固态：构成的粒子转化成冰
液态：吸收了能量融化成水
气态：构成的粒子在空气中分解成水蒸气

水循环

凝固
水以固态形态存在

凝结
水以液态形态存在

融化
水以液态形态存在

蒸发
水以气态形态存在

水的存在状态

融化：冰融解成水
蒸发：水加热变成水蒸气
凝结：水蒸气遇冷变成水

科学实验

标题：实验箱中的云

问题：
云和雨是如何形成的？

假设：
当水蒸气遇到冷气流，凝结成云

《水循环》

迷你主题型文件夹

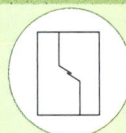

适用对象

既定主题下的信息收集

说明

这种文件夹的尺寸规格较小，适用于没有很多子标题的主题。可以用这种文件夹来说明一个大主题下的某个方面，在收纳型文件夹中进行二次收集。

制作步骤

1. 使用空白的 A 4 尺寸规格（297 mm ×210 mm）的卡纸，沿虚线折叠

2. 剪去边缘上的三角部分

3. 将两侧从外向内折，三角部分交叉嵌入

模板

3

（将模板放大至114%后复印使用）

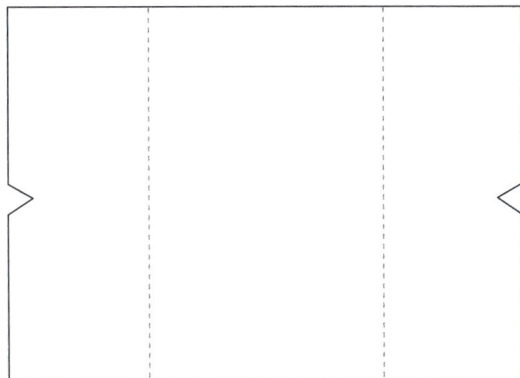

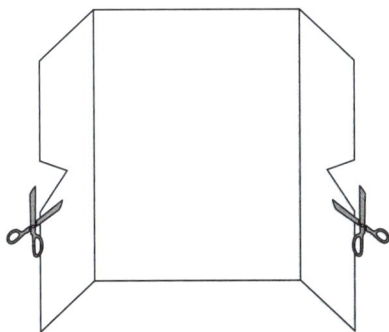

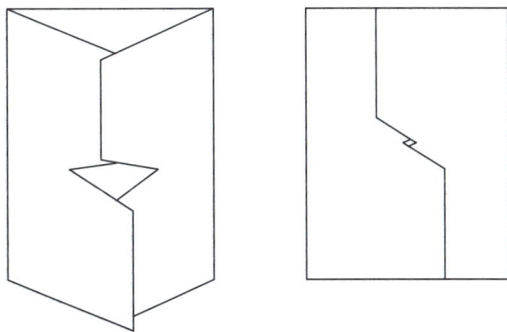

《拼写困难》

《埃涅阿斯纪》

《时间旅行者：罗马》

迷你书型文件夹

适用对象

作为既定主题下收集信息的笔记本

说明

这种文件夹形式上是一本笔记本，适合在中心部分书写内容，在封面折叠而成的口袋里收集补充材料。

制作步骤

1. 使用空白的 A 4 尺寸规格（297 mm ×210 mm）的卡纸

2. 用锥子割出小翻页和开口

3. 沿虚线折叠，两次对折

4. 折叠切出的小翻页

5. 将小翻页插入开口中

模板

4

（将模板放大至114%后复印使用）

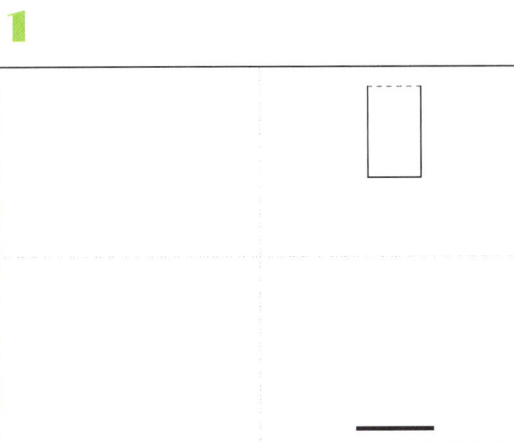

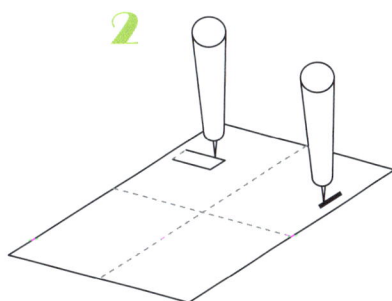

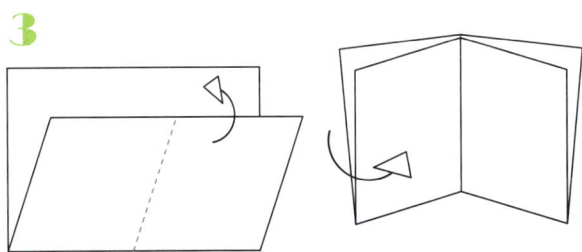

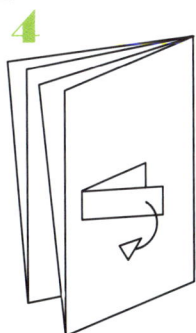

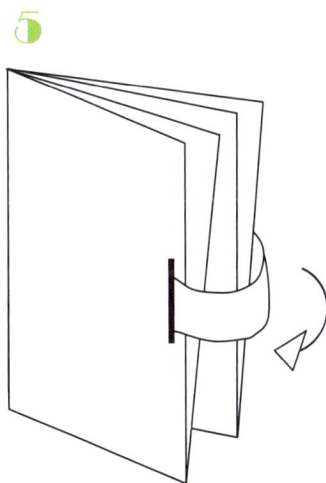

1

2

3

4

5

《我看了一本书……》

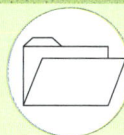

文件袋型文件夹

适用对象

有序整理相关联的多个主题

说明

这种文件夹如同数据库一样，适合将多个类似主题的信息归类到一个文档中。

制作步骤

1. 使用空白的 A 3尺寸规格（297 mm × 420 mm）的卡纸
2. 沿虚线向内折叠

模板

5

（将模板放大至161%后复印使用）

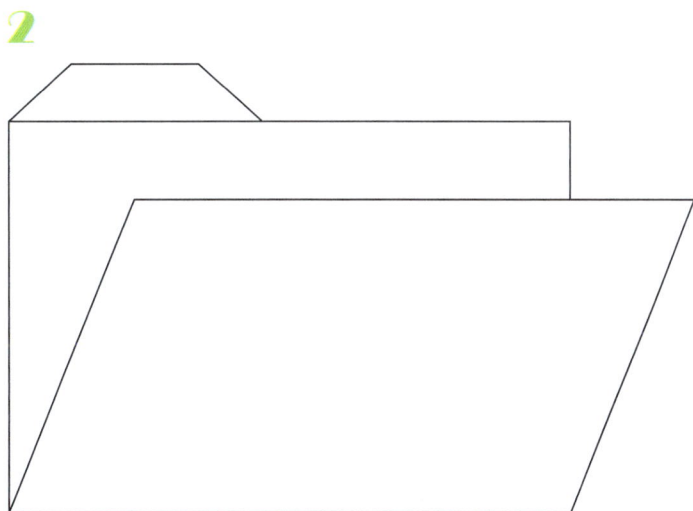

1

2

《意大利的大区》

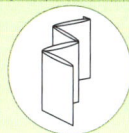

收纳袋型文件夹

适用对象

既定主题下收集信息的有效工具

说明

这个文件夹有一系列可以容纳手工迷你书的小口袋。可以根据需要将多个收纳袋组合在一起使用。

制作步骤

1. 使用空白的 A 3 尺寸规格（297 mm × 420 mm）的卡纸，沿虚线折叠

2. 在灰色部分涂上胶水

3. 对折后使胶水粘合

4. 折成手风琴的样式

模板

6

（将模板放大至161%后复印使用）

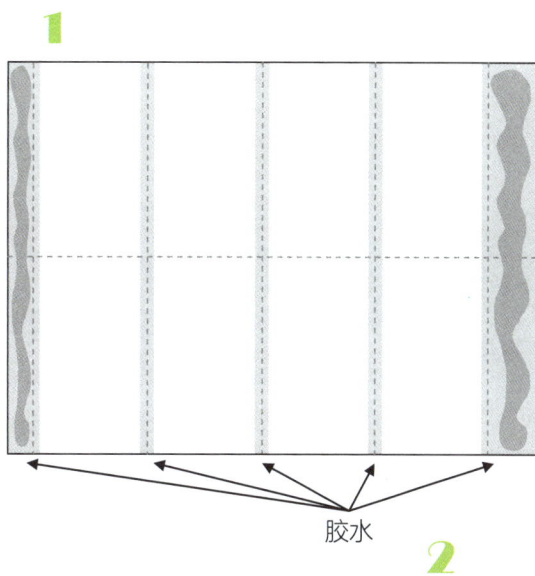

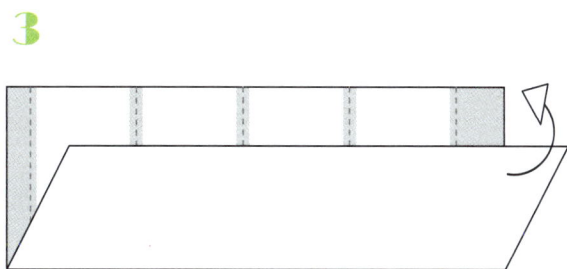

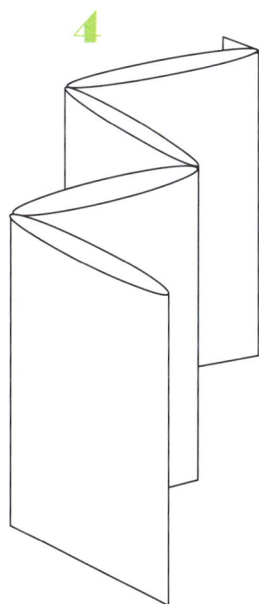

1

2

胶水

3

4

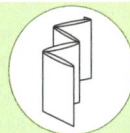

《语法》

第五章

迷你书的不同样式及使用实例

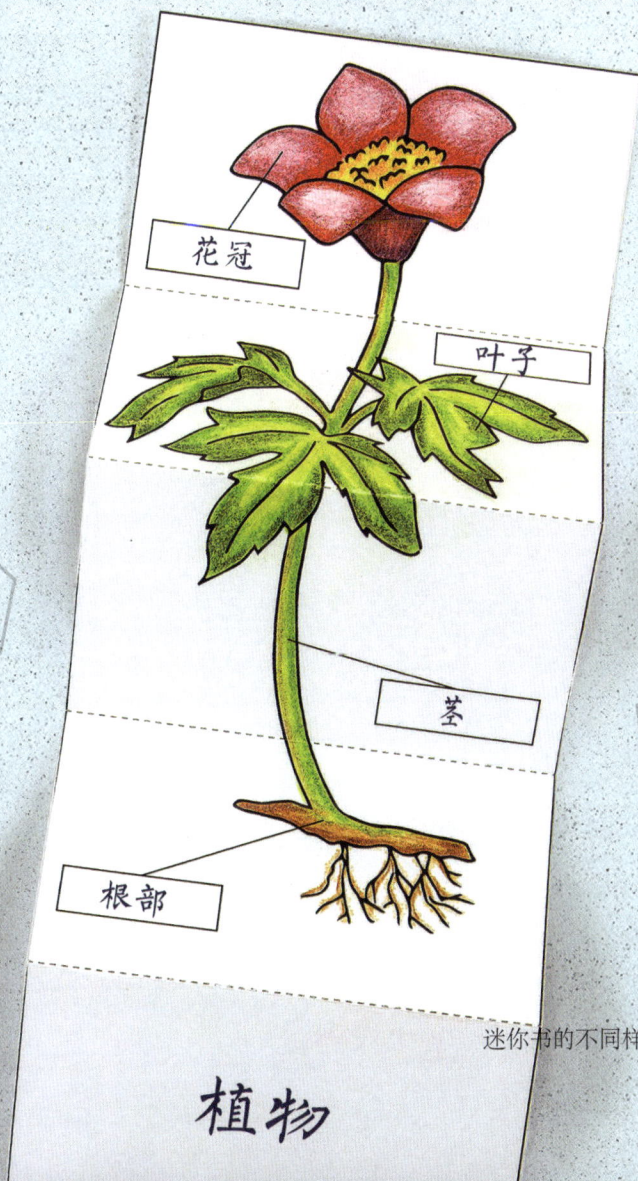

一旦选择好了文件夹样式，决定好了折叠大书的主题和内容，接着就需要考虑该使用哪种迷你书样式来承载信息了。我们建议以用途和主题关联度为基础来选择合适的样式。要时刻考虑主题与迷你书样式、内容之间的相关度和隐藏含义。

　　仔细思考迷你书的作用：是要抛砖引玉，还是作为一个目录、一个概述或者一个卡片集。

　　迷你书的样式和颜色应该针对主题并有利于记忆。不要低估了颜色的重要性，恰当的颜色可以让人产生联想，例如实例中的风箱式迷你书（见本书144页），迷你书的基础色是黑色，这是为了表现出环绕星球的宇宙空间的感觉。

　　为了更加简单地寻找和选择迷你书样式，本书将其分门别类地罗列了出来。

　　书中给出的迷你书样式共有20种。针对每一种样式都提供了可以在实际手工制作过程中参考的实例图片，我们将这20种样式归纳总结在了后页的表格中。同时，在本书配套的模板集中也提供了相应的模板，以方便直接复印使用。

迷你书：种类、编号*、命名、缩略图

	编号	命名	缩略图
翻页式迷你书	FY1	翻页式	
	FY2	带封面翻页式	
	FY3	四边翻页式	
	FY4	五角花瓣翻页式	
手风琴式迷你书	SFQ1	手风琴式	
	SFQ2	翻页手风琴式	
	SFQ3	带封面手风琴式	
口袋式迷你书	KD1	大头针固定口袋式	
	KD2	信封口袋式	
	KD3	双窗口袋式	

	编号	命名	缩略图
圆形迷你书	YX1	四分之一圆形	
	YX2	三分之一圆形	
	YX3	转盘式	
折页式迷你书	ZY1	折页式	
	ZY2	多层折页式	
	ZY3	手风琴多层折页式	
	ZY4	风箱式	
立体式迷你书	LT1	单层立体式	
	LT2	多层立体式	

---

* 编者注：原书以单词首字母缩写作为编号，中文版以拼音首字母缩写作为编号。

翻页式迷你书

适用对象

一问一答

说明

适用于在翻页外提出一系列问题，在翻页里写出对应的答案。儿童可借此进行自我检核。

制作步骤

1. 剪出轮廓（可复印模板集中相应模板后使用）

2. 沿虚线折叠

3. 沿粗线剪开

4. 折出翻页

模板

7～18

1

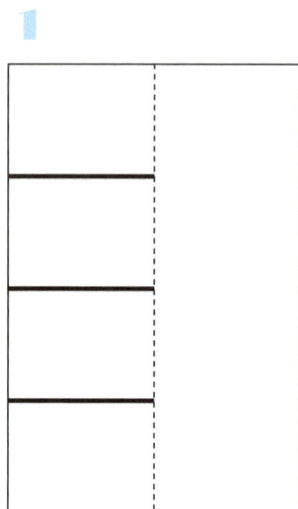

2

3

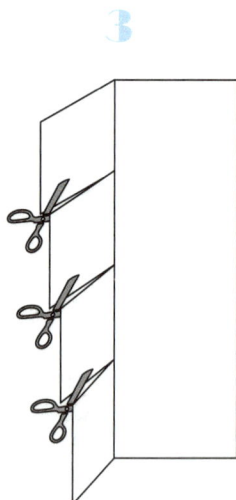

4

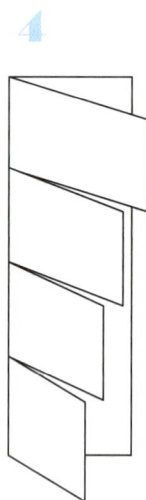

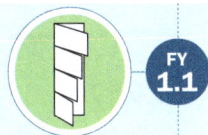
学科

数学

主题

乘法表

说明

这种迷你书样式有助于系统学习乘法表。儿童可以在每个翻页外写上一道乘法题，在翻页内写出答案。

儿童能够利用这种方式来进行自我学习和复习。使用时先看题目，自己给出答案后再打开翻页检验答案正确与否。

模板

7

9x1 1x9	9x6 6x9
9x2 2x9	9x7 7x9
9x3 3x9	9x8 8x9
9x4 4x9	9x9 9x9
9x5 5x9	9x10 10x9

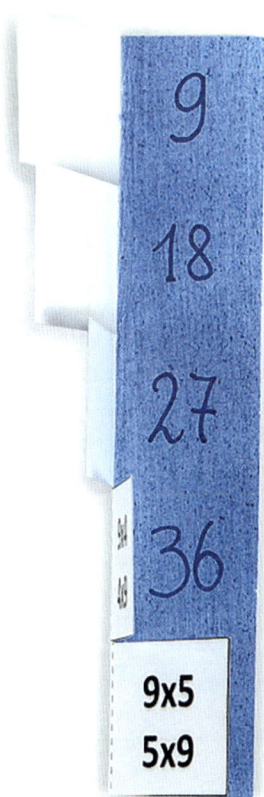

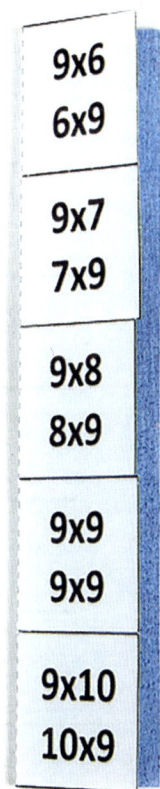

FY
1.2

学科

语文

主题

阅读理解

说明

在这个实例里翻页式迷你书被用于分析和采集课文的主要信息，儿童通过列在每个翻页上的问题分析文本材料，通过这种翻页里外一问一答的模式来概括总结课文的主要内容。

同样的方式也可以用于分析更多的课文，儿童通过这种方式来记忆课文的基础知识。

模板

9

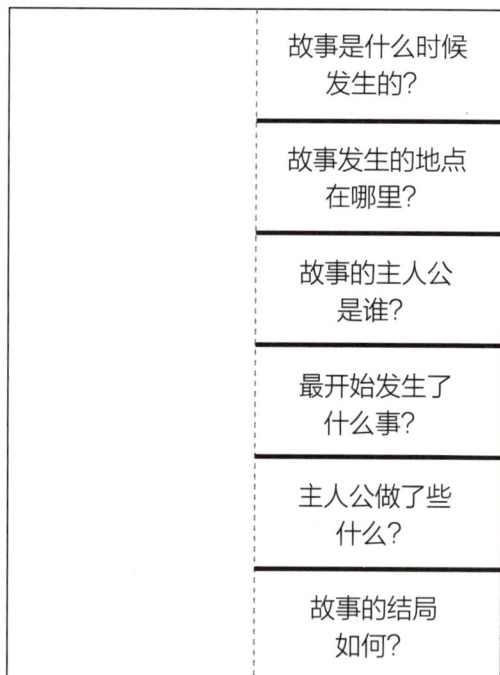

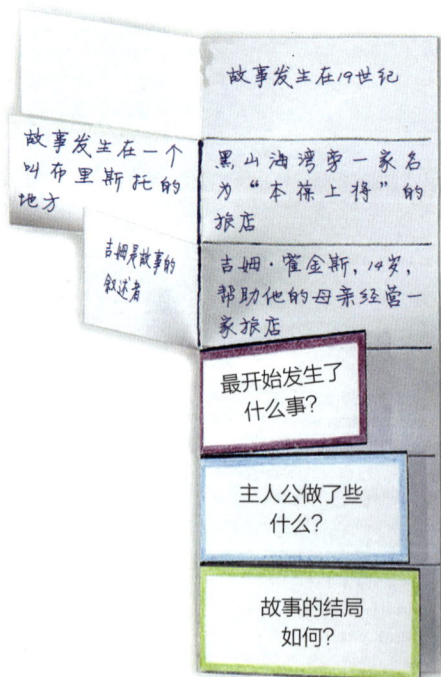

实例3

FY 1.3

学科

音乐

主题

音符

说明

这个实例中翻页的方式使人联想到钢琴琴键。上部分写出主题，下部分在各翻页下标注音符名称，既有DO、RE、MI形式的记谱法，也有A、B、C形式的记谱法。

模板

12

翻页式迷你书
实例4

学科

历史

主题

社会阶级金字塔

模板

14

说明

这种金字塔形状的翻页式迷你书非常呼应主题。每个翻页对应一个社会阶级，儿童要按照正确的顺序在翻页内填写完整信息。使用时可以根据所填内容的多少来改动模板：只要从高到低填完所需内容，再剪掉多余的翻页即可。

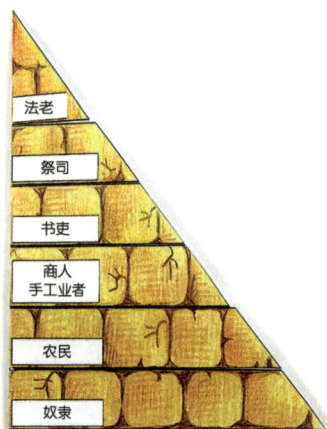

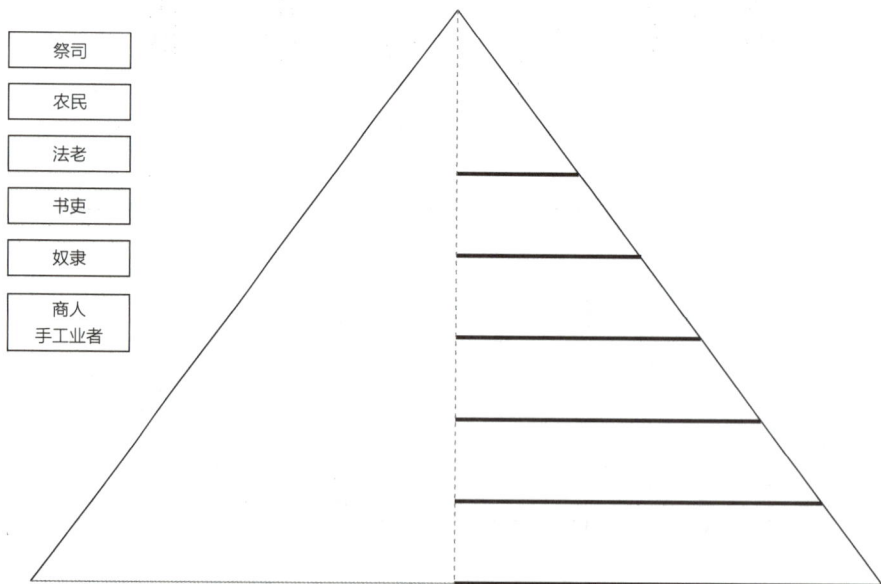

法老
祭司
书吏
商人 手工业者
农民
奴隶

如同神一般被爱戴着

举行宗教仪式，传达神的旨意

负责国家行政事务，能够使用象形文字，备受尊敬

金匠、制陶工、木匠、画家…… / 生产生活必需的手工制品和非凡的艺术品

除了从事农业生产，还要为法老建造金字塔

一般是战争俘虏 / 需要完成更苦更累的工作，没有可以享受的权利

祭司
农民
法老
书吏
奴隶
商人 手工业者

翻页式迷你书
实例5

学科
艺术

主题
原色与混合色

说明

这种翻页样式有左右双层翻页，可以互相覆盖。使用这种翻页样式来学习原色与混色时，在翻页外侧可以染上各个原色，在翻页内的中间一列染上由两边原色混合而成的混合色。这样黄色与红色翻页之下是橙色，红色与蓝色翻页之下是紫色，诸如此类。

模板
15

黄	橙	红
红	紫	蓝
蓝	绿	黄

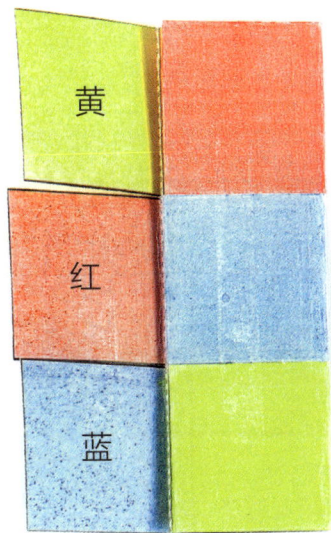

带封面翻页式迷你书

适用对象

通过一问一答来分析复杂的主题

说明

这种样式适用于分析一个主题下覆盖了多个需要深入的子标题的情况，根据子标题的数量制作所需的翻页。在封面上可以标示主题或者写出需要儿童回答的问题。在内页的右侧剪出其他翻页，写上需要详细介绍的内容。

使用这种翻页样式，儿童可以进行自我提问，尝试自主回答，然后再验证答案正确与否。

制作步骤

1. 剪出轮廓
2. 沿虚线折叠
3. 将折页展开
4. 沿右侧粗线剪开，剪出四个翻页
5. 将四个翻页从外向内折叠，再合上左侧的封面

模板

19～21

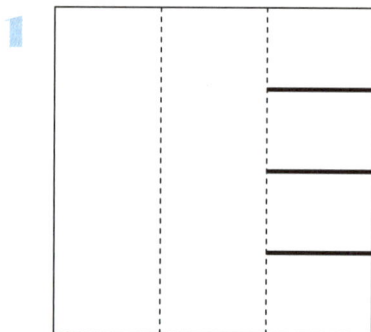

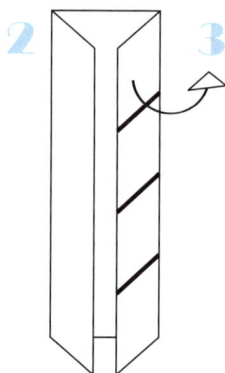

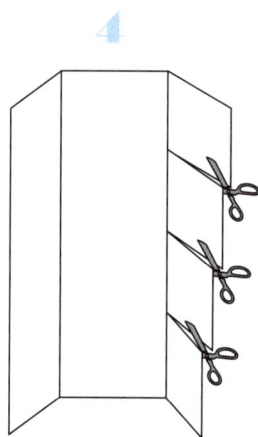

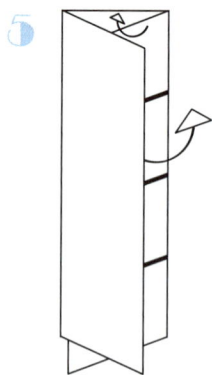

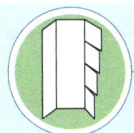

学科

意大利语*

主题

拼写字母

模板

19

说明

可以使用这种翻页样式来归纳拼写规律，用一本迷你书对应一个字母。字母写在封面上，这样儿童就可以迅速明白这本迷你书对应的是哪个字母。在翻页的内侧写上这个字母的使用规律和特殊情况，在翻页之下写上符合相关规律的单词例子。

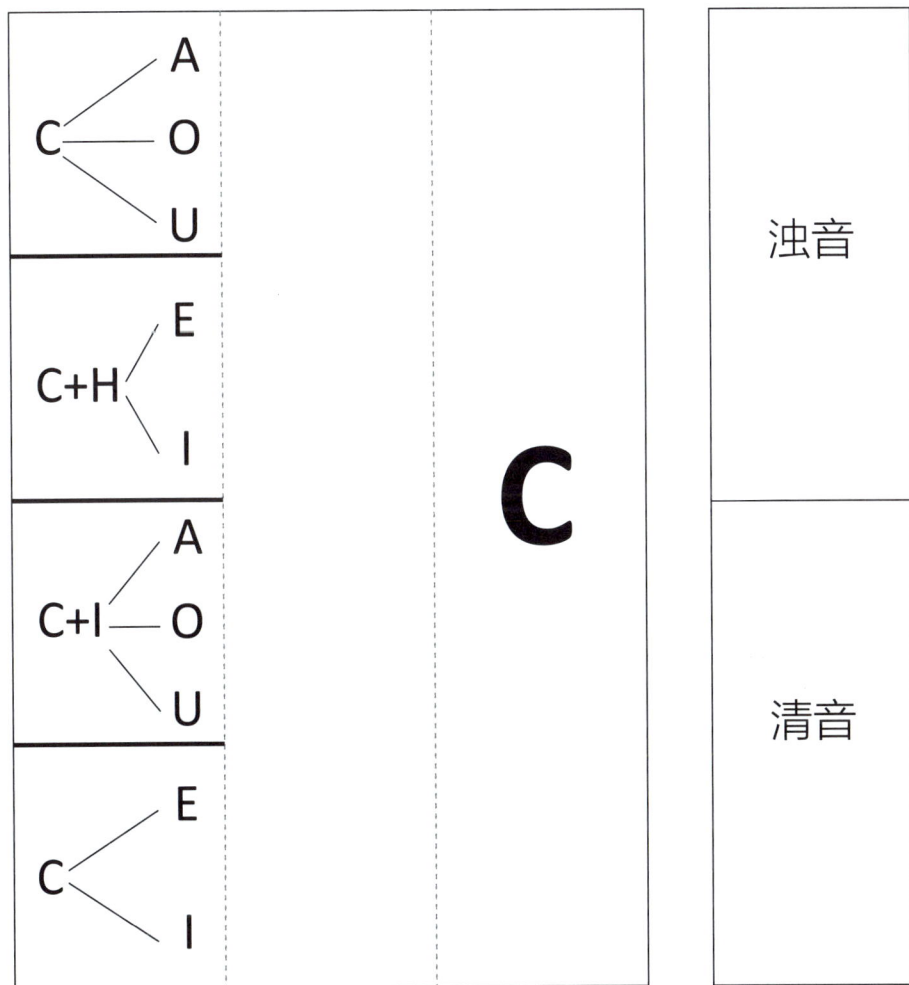

A
C — O
U

E
C+H
I

A
C+I — O
U

E
C
I

C

浊音

清音

---

* 编者注：原书此处为"语文"学科，中文版改为意大利语学科。

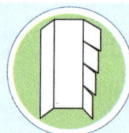

CA → CANE,_____

CO → CONO,_____
_____

CU → CUBO,_____

CHE → CHELA,_____
_____

CHI → CHIODO,_____
_____

CIA → CIABATTA,_____
_____

CIO → CIOTOLA,_____

CIU → CIUCCIO,_____

CE → CENA,_____
_____

CI → CICALA,_____
_____

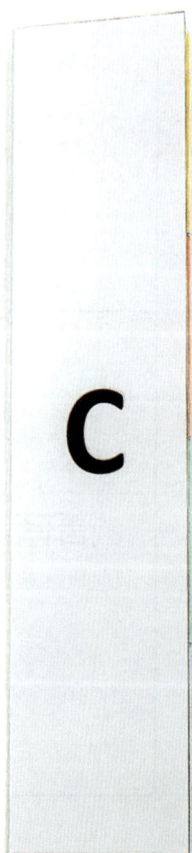

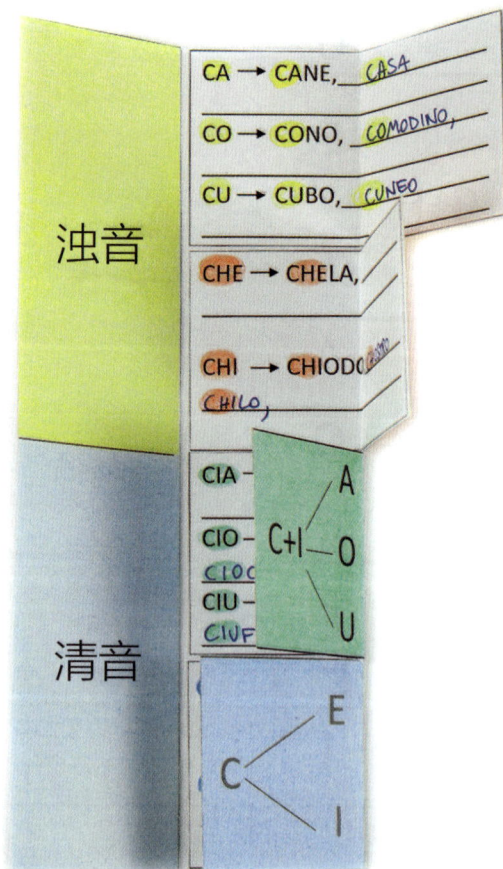

带封面翻页式迷你书
实例2

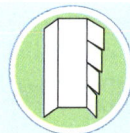

FY
2.2

学科

数学

主题

四则运算

模板

19

说明

带封面的翻页样式也可以用于分析数学主题，比如加减乘除四则运算。一旦清楚了如何进行运算，儿童就能够在翻页内侧的相应部分总结出规律，补充每种运算的相关例子。

加法
+

减法
-

乘法
x

除法
÷

四则运算

是什么?

有什么定律?

加数 +
加数 =
和
或
总数

加法运算是将二个以上的数，合成一个数。
相加的数称为加数，相加的结果称为和。

交换律
结合律

被减数 −
减数 =
余数
或差

减法是从一个数量中减去另一个数量的运算
减号前面的数是被减数，后面的数是减数，结果称为余数或差。

不变律

乘数 ×
乘数 =
积

乘法是同一个数连加。
相乘的数被称为，果称为积。

交换律
结合律
分配律

乘法

被除数 ÷ 除数
= 商

除法是，数，求相除的，商。

不变律

除法
÷

四则运算

是什么？

有什么定律？

学科

历史

主题

史料

模板

19

说明

在历史学习中，带封面的翻页样式可用于说明不同种类的史料：实物史料、文本史料、图片史料和口头史料。

实物史料		
文本史料		**史料** 是什么？ 有什么用？
图片史料		
口头史料		

史料用于研究多年前发生的事件

由人类制作的物品（陶瓷、石制品和金属制品）、建筑遗迹、陵墓、服装、植物和动物的化石

人类所写下的记录：
1. 石碑
2. 书籍、日记
3. 信件

各种图像：
1. 绘画
2. 地图
3. 摄影照片

见证了某个事件的口头叙述，或者是其他形式的叙述记录，如采访、谈话、传说、歌曲、寓言。

BLA BLA BLA BLA BLA

史料

是什么？

有什么用？

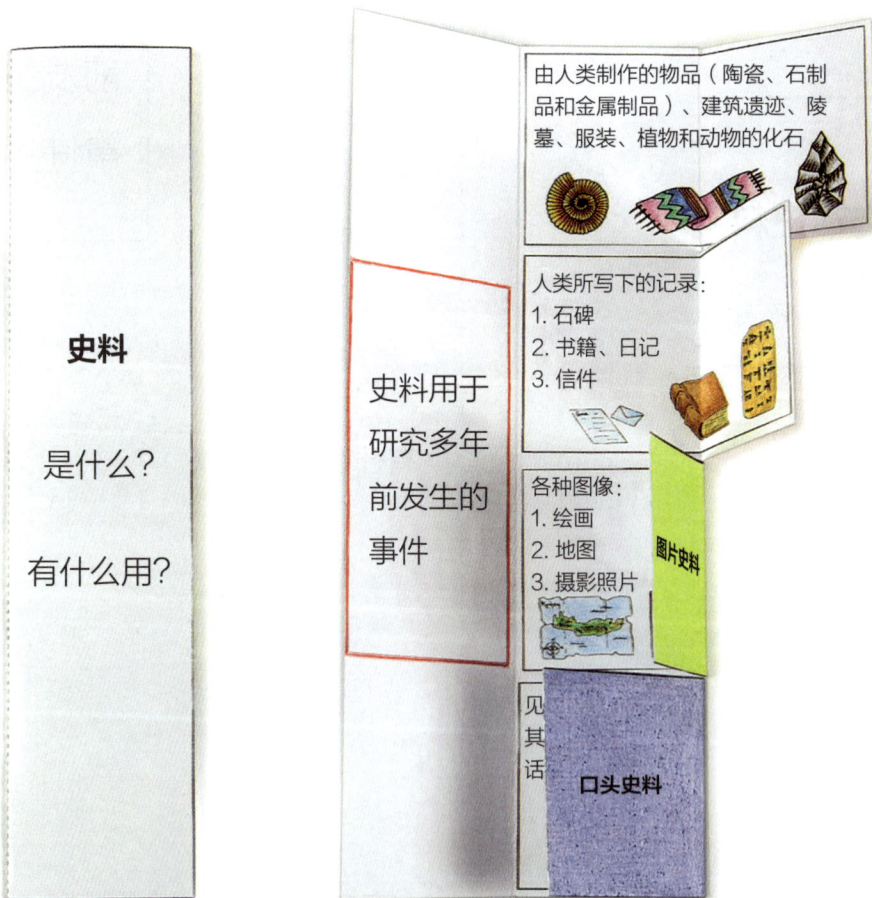

史料用于研究多年前发生的事件

由人类制作的物品（陶瓷、石制品和金属制品）、建筑遗迹、陵墓、服装、植物和动物的化石

人类所写下的记录：
1. 石碑
2. 书籍、日记
3. 信件

各种图像：
1. 绘画
2. 地图
3. 摄影照片

图片史料

口头史料

见
其
话

四边翻页式迷你书

适用对象

通过多层翻页来发现、寻找信息

说明

这种翻页样式有三种不同的使用方法：

1. 按照顺序层层递进地展示五级内容

2. 从概括到详细或者由点到面来深化展示一个主题

3. 有四个相关话题的分析图

如果翻页的数量不够，可以增加此类迷你书的数量。

制作步骤

1. 剪出轮廓

2. 沿虚线折叠

3. 从四周向中间折出四个翻页

模板

22～23

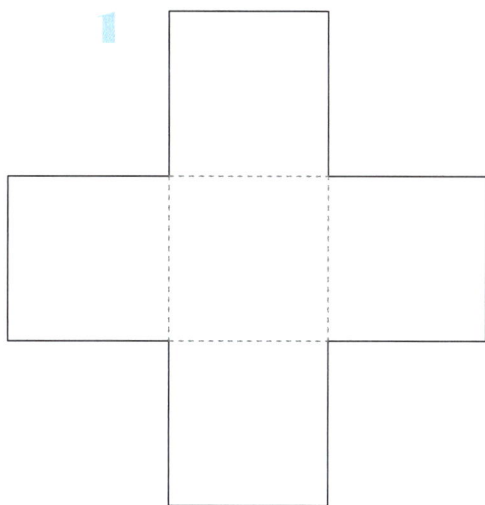

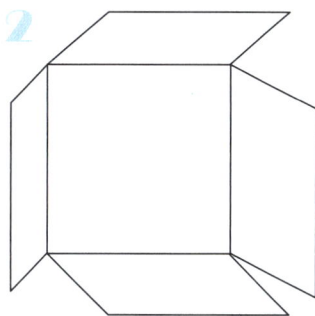

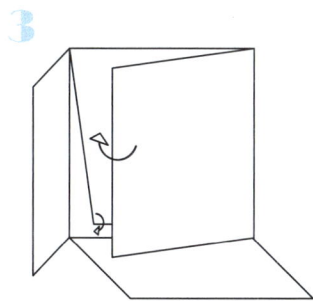

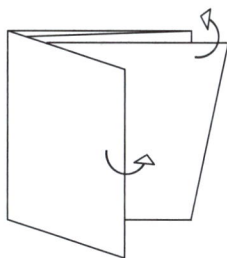

学科

数学

主题

四则运算

说明

在这个实例里，使用了这种翻页样式来回答"什么是四则运算"的问题。儿童在每个运算符号下面写上对应的四则运算的名称。

模板

22

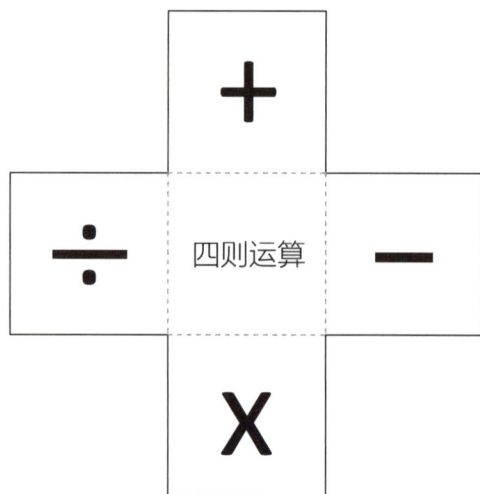

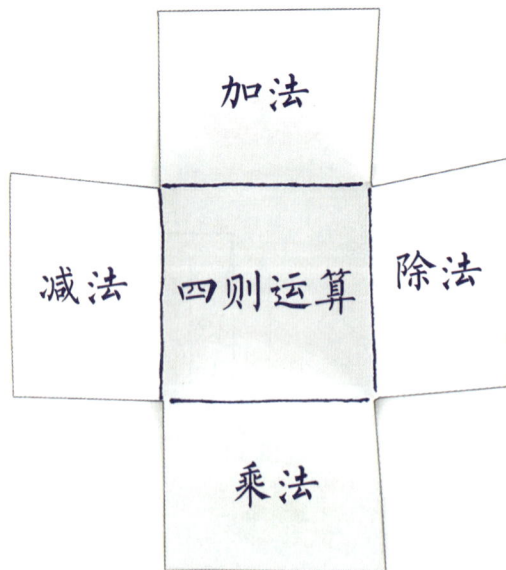

学科

历史

主题

古人类洞穴

说明

根据一张地层图，儿童可以探索古人类地穴的不同地质层，将它们分别画在翻页上。这样就可以随着翻页的依次打开探索历史、追溯时间了。

模板

22

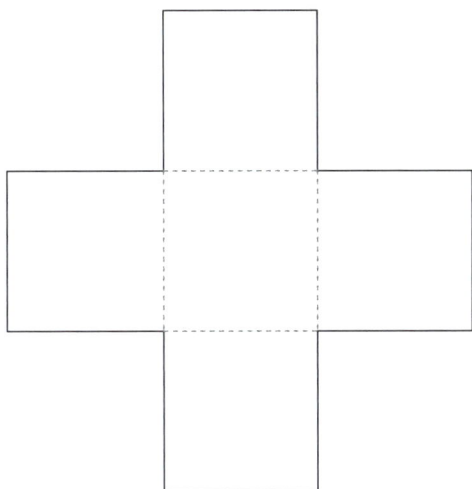

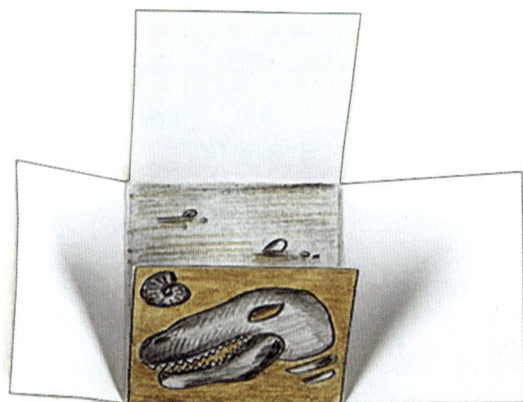

实例3

学科

数学

主题

测量工具

说明

在这个实例里，用这种翻页样式来说明主要的测量单位。在翻页下方，儿童可以看到测量单位的符号和定义。

模板

23

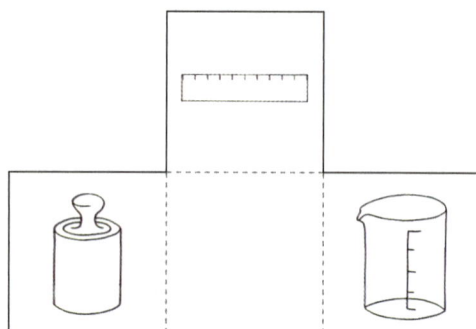

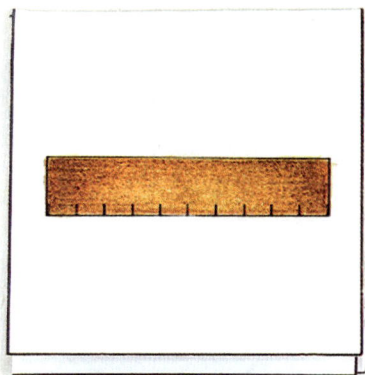

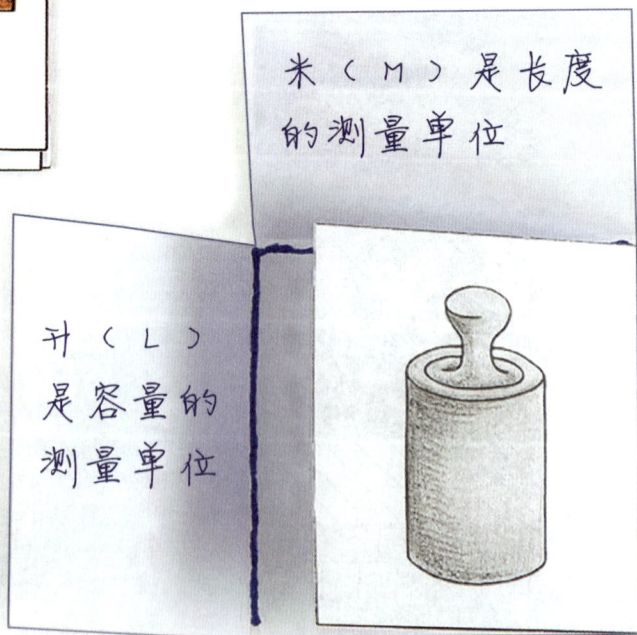

米（M）是长度的测量单位

升（L）是容量的测量单位

学科

历史

主题

罗马的建成

说明

用感叹号引起儿童的注意，打开第一个翻页出现问题，儿童可以先尝试着回答，然后再打开第二个翻页，验证答案正确与否。在翻页内侧可以添加更多与主题相关的信息，在这个例子里就是更多与罗马建成相关的资料。

模板

23

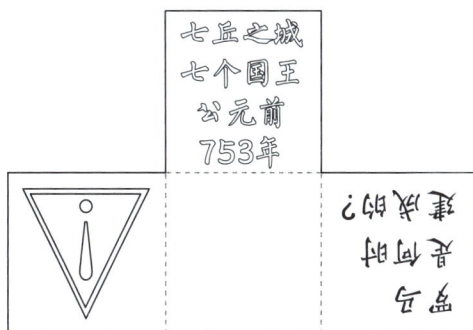

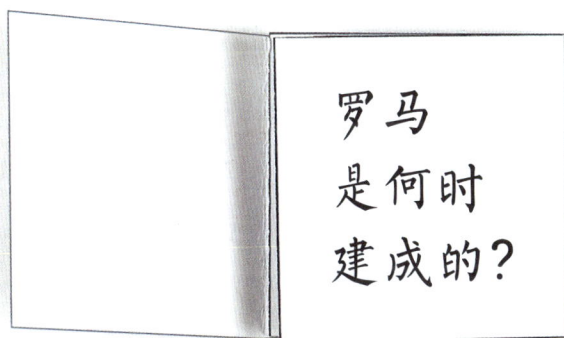

五角花瓣翻页式迷你书

适用对象

按照顺序在每个花瓣页上收集信息

说明

这种翻页样式有五个花瓣形状的翻页，在每个花瓣的内外侧都可以写上信息。

制作步骤

1. 剪开轮廓

2. 沿虚线折叠

3. 将花瓣从外向内折叠，使全部花瓣以一定顺序互相覆盖

4. 将最后一页花瓣弯曲后嵌入第一页折好的花瓣下方

模板

24～27

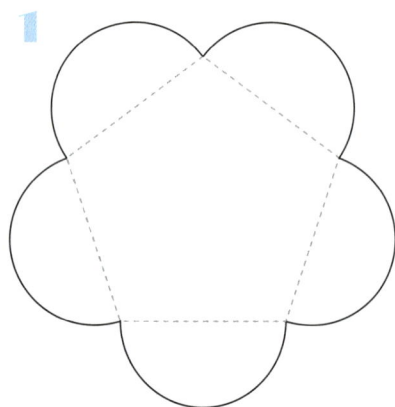

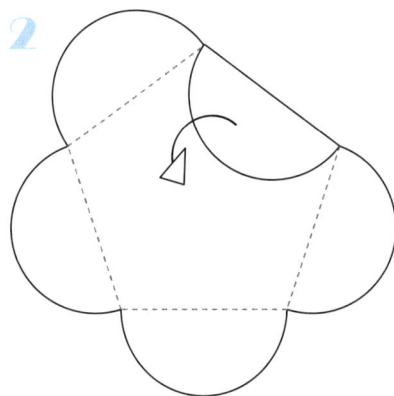

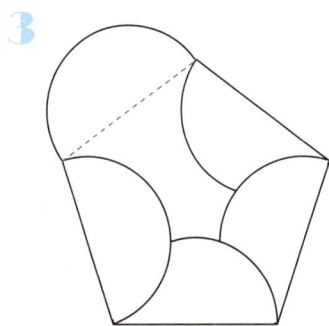

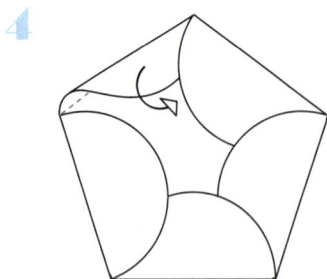

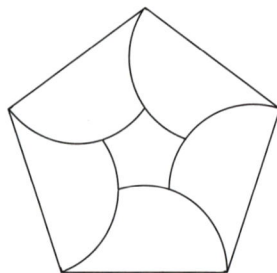

实例1

学科

语文

主题

写一篇新闻报道

说明

着手写一篇新闻报道的文章，要先提出5W原则。

模板

24

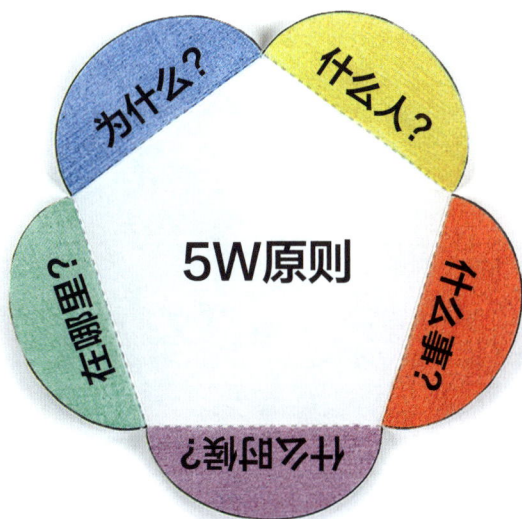

实例2

FY
4.2

学科

数学

主题

5的乘法表

说明

花瓣翻页用来写数字5的乘法算式，翻页外侧是运算算式，内侧是运算答案。儿童可使用这一方法来学习和回顾乘法表。先看算式，再打开翻页检验答案正确与否。

模板

24

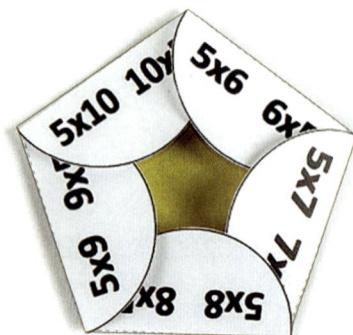

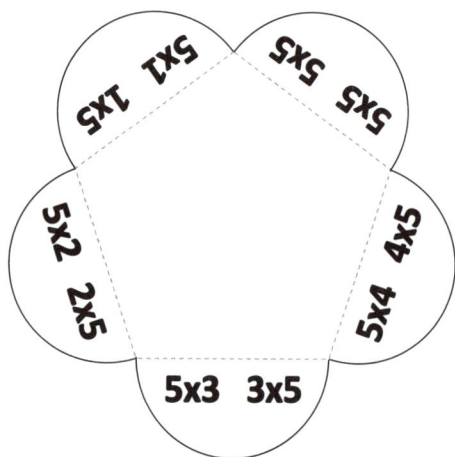

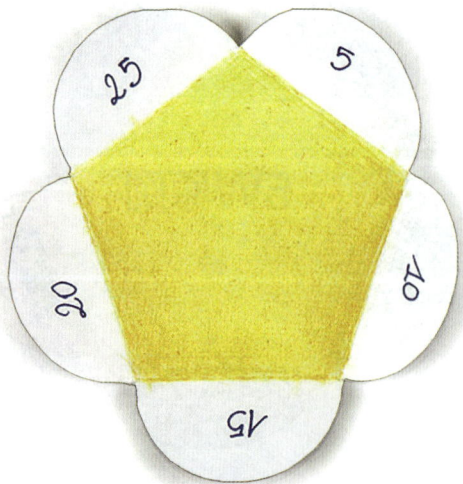

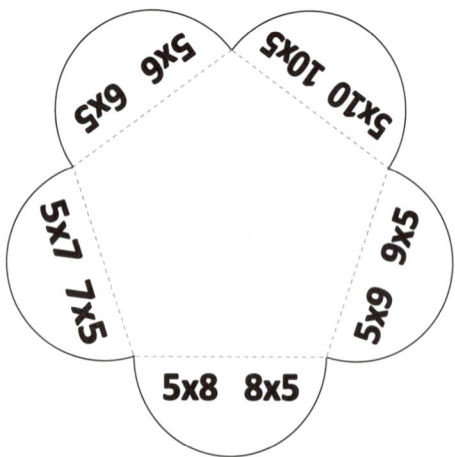

五角花瓣翻页式迷你书
实例3

学科

历史

主题

一日记事

说明

这种翻页样式的形状可以让人联想到一日循环的时间。花瓣翻页外侧是正点时刻，下方可以画上那一时刻的时钟形状，翻页内侧写上该时刻所做的事。

模板

24

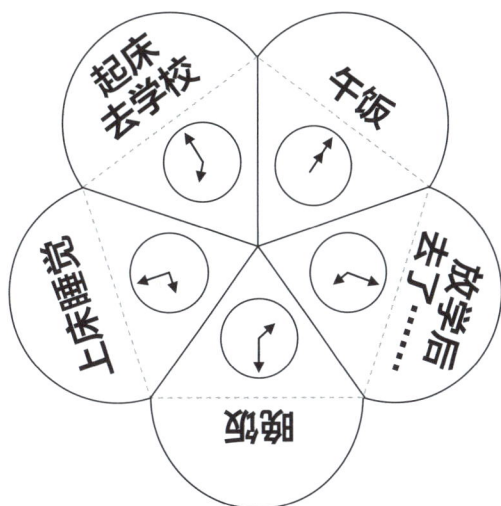

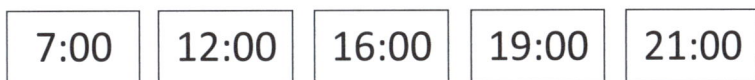

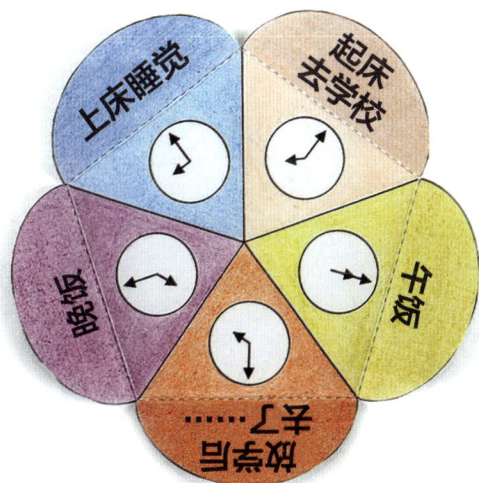

手风琴式迷你书

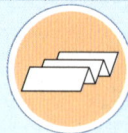

适用对象

依次发现信息

说明

这种样式适用于一个主题需要分多个阶段进行分析，它的形状便于一步一步展开内容。

制作步骤

1. 剪出轮廓

2. 沿虚线一正一反折叠

模板

28～32

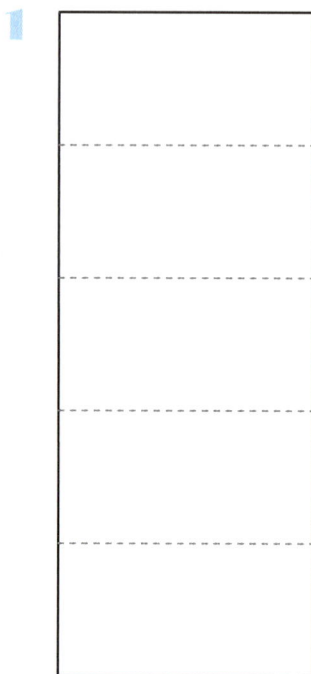

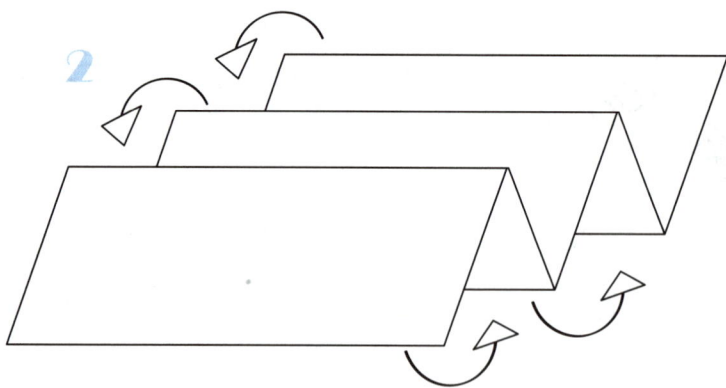

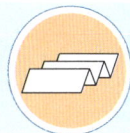
学科

科学

主题

植物

说明

在这个实例里，手风琴式迷你书样式被用于区分一个植物的主要部分。用这种方式，儿童能够一点一点地发现、了解植物，一次只专注于一个部分，直到全部展开之后概览全图。

模板

28

学科

数学

主题

加法的运算定律

说明

最顶端的标签页标明了主题，其他部分写上了详细内容。在这个例子里，可以将加法的所有定律列在三个独立页中。稍稍改动这个模板的长度，就可以用于其他简单的运算。

模板

31

加法的运算定律

加法分解律

两个数相加，其结果等于其中一个加数，则这两个数与第三个数相加的结果不变。

11 + 14 = 25

10 + 1 + 14 = 25

加法的运算定律

加法交换律

两个数相加，交换加数的位置，和不变。

6 + 4 = 10

4 + 6 = 10

加法结合律

三个数相加，先把前两个数相加，或者先把后两个数相加，和不变。

6 + 4 + 5 = 15

10 + 5 = 15

加法分解律

两个数相加，其结果等于其中一个加数，则这两个数与第三个数相加的结果不变。

11 + 14 = 25

10 + 1 + 14 = 25

加法的运算定律

加法交换律

两个数相加，交换加数的位置，和不变。

6 + 4 = 10

4 + 6 = 10

加法结合律

三个数相加，先把前两个数相加，或者先把后两个数相加，和不变。

6 + 4 + 5 = 15

10 + 5 = 15

加法分解律

两个数相加，其结果等于其中一个加数，则这两个数与第三个数相加的结果不变。

11 + 14 = 25

10 + 1 + 14 = 25

学科

意大利语

主题

CU与QU两个音节的特殊拼写情况

说明

在这个实例里，手风琴式迷你书样式被用于列出CU与QU这两个音节在单词拼写中的特殊例子。

封面页写出问题和这本迷你书的主题。用箭头指引儿童拉开手风琴折页，找到答案或者有关题目的说明内容。

模板

32

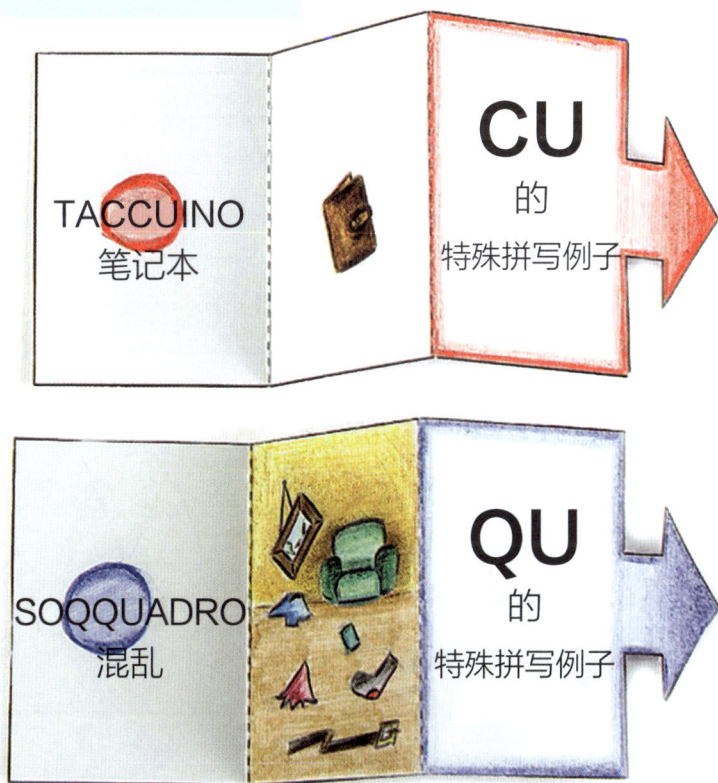

翻页手风琴式迷你书

适用对象

深层分析既定主题

说明

这种样式用于收集三个主题的信息。关键词写在最外面，串联起翻页里面的内容。儿童可以在探索游戏中使用这种样式。

制作步骤

1. 剪出轮廓

2. 沿虚线折出手风琴样式

3. 沿粗线剪开

模板

33～34

1

2

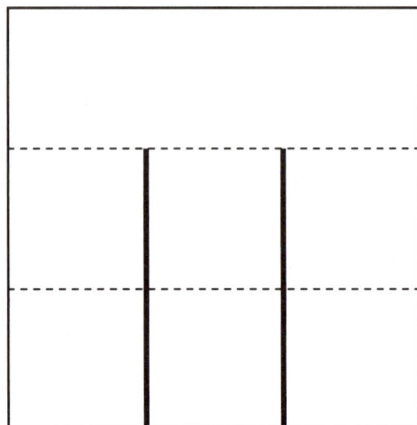

3

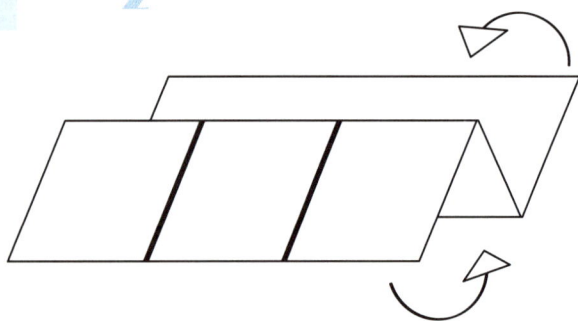

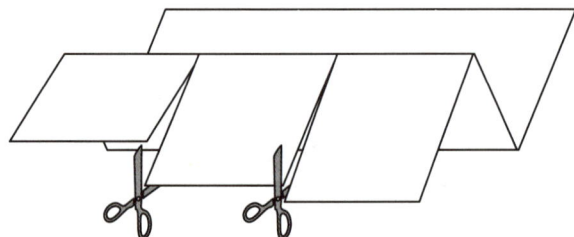

实例1

SFQ 2.1

学科

科学

主题

水的三态

说明

这一实例要说明水的三种物理形态：固态、液态和气态。打开迷你书，通过课堂上的实验，儿童绘画或写出水在这三种形态下的特征表现；在最后一页纸上画上大自然中的水——冰山表示固态，湖表示液态，水蒸气表示气态。

模板

33

实例2

学科

科学

主题

植物

说明

在这一实例中，使用垂直的手风琴式迷你书样式来说明两个概念。

1. 将翻页一个个打开来，就像一个词汇表，一个名称下面有一个解释和一张图片。

2. 同时打开所有的翻页，就可以按照顺序表现出植物生长的各个阶段。

模板

33

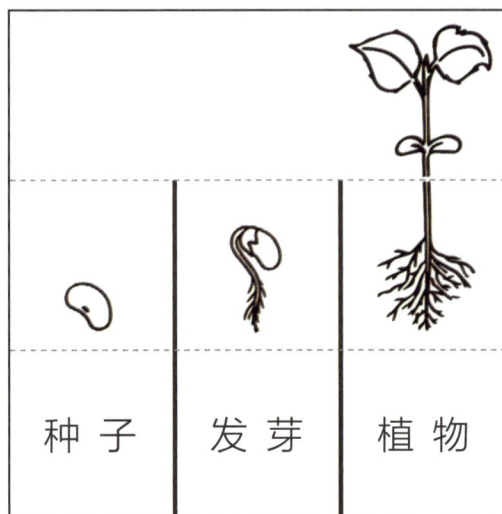

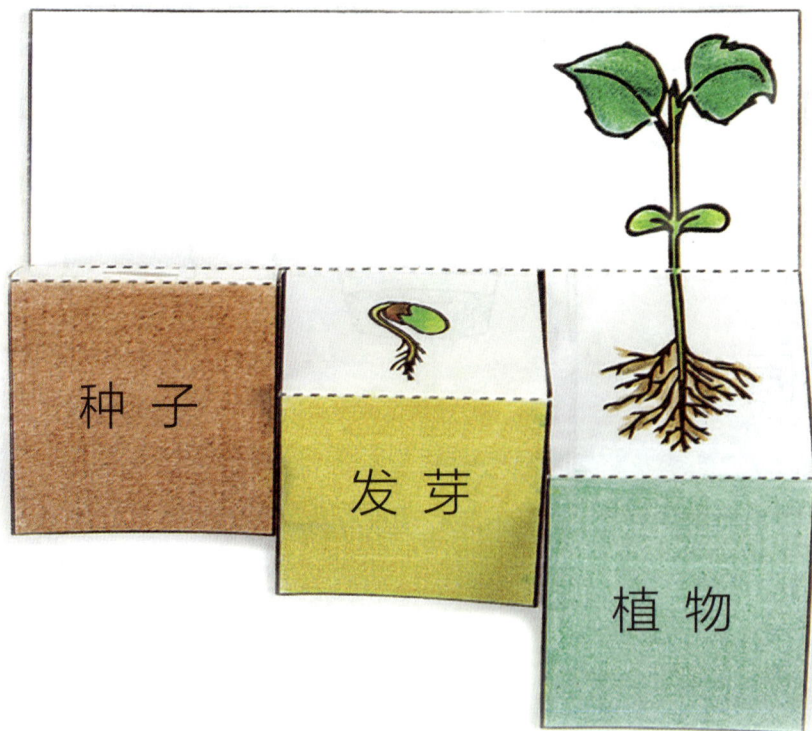

实例3

学科

英语*

主题

过去时、现在时和将来时

说明

在这个实例里，儿童通过翻页样式直观地记忆"be"的过去时、现在时、将来时的表达方式。

模板

33

---

* 编者注：原书此处使用意大利语单词，中文版改为英语单词。

带封面手风琴式迷你书

适用对象

在一张纸上表现某个物品的移动

说明

打开写有标题的封面，拉开风琴页发现一张图画，因为折页向外移动，图画也随之表现出了动感。建议沿图画轮廓剪出形状，让迷你书显得更加立体。

制作步骤

1. 剪出轮廓

2. 沿虚线折叠

3. 完全展开后再对半折叠

4. 再次对折

模板

35

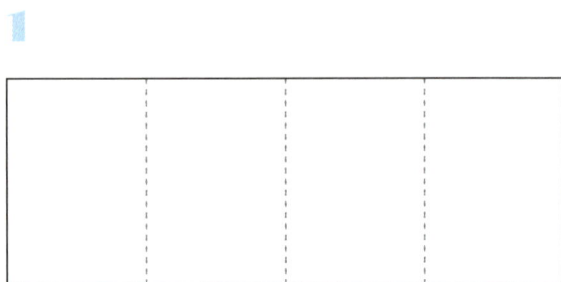

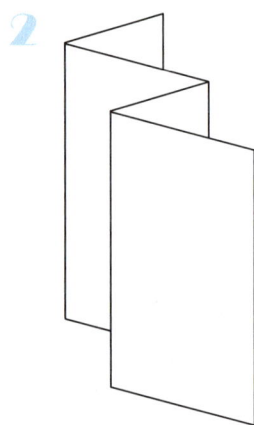

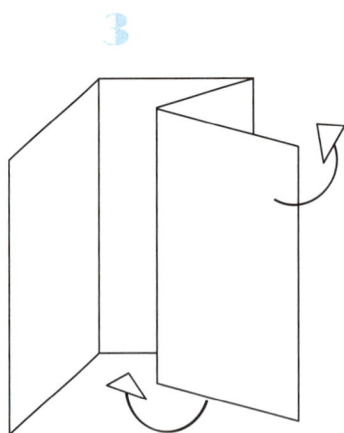

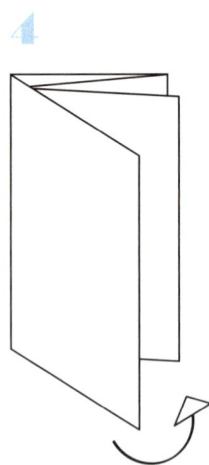

SFQ
3.1

学科

科学

主题

飞机

说明

用封面遮盖住飞机图画的一部分，打开折页的时候图画会逐渐展开，出现故事书《小王子》中的飞行员形象。

模板

35

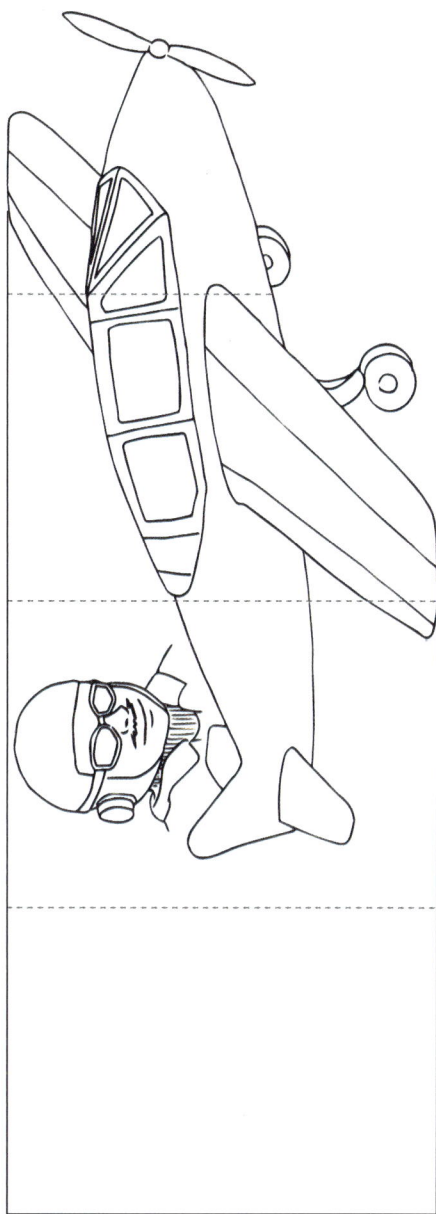

SFQ
3.2

学科
艺术

主题
曲线

说明
在这个实例中，迷你书用于表现一件艺术作品——葛饰北斋的《神奈川冲浪里》。画在折页上的海浪图随着折页的展开而表现出动态美，折页内侧留出一部分空白用于探讨曲线的意义。

模板
35

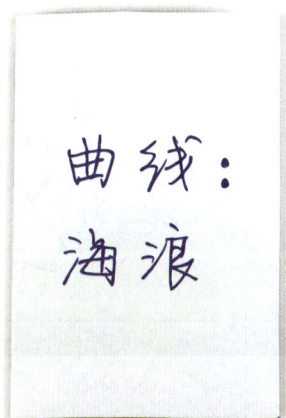

大头针固定口袋式迷你书

KD
1

适用对象

收集信息

说明

这一样式的特色是收集既定主题下的词汇或信息。

制作步骤

1. 剪出轮廓

2. 沿虚线折出口袋，把下翻页往上折

3. 在翻页上涂上胶水，粘贴翻页

4. 用锥子刺穿卡片

5. 用大头针（或分腿钉）穿过卡片上的洞

6. 把固定好的卡片本放入口袋中

模板

36～39

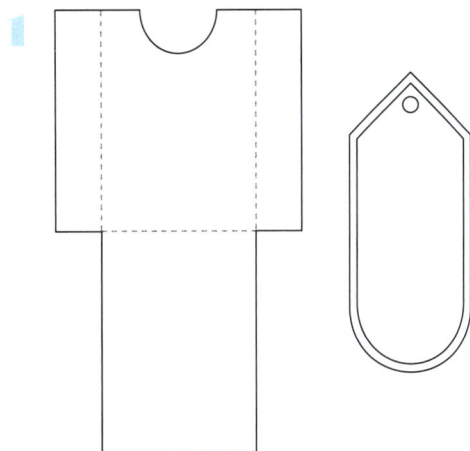

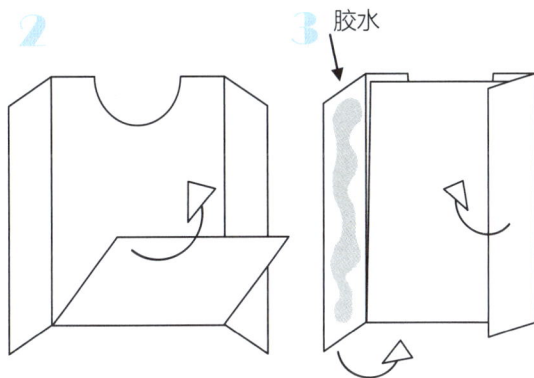

胶水

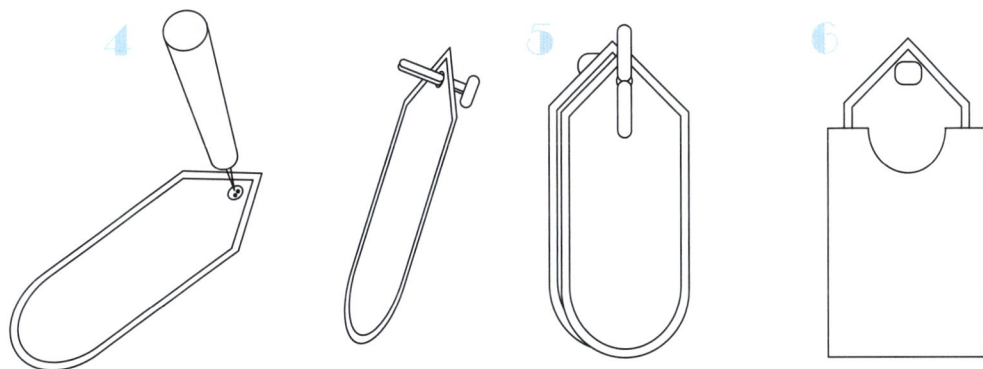

大头针固定口袋式迷你书
实例1

学科

英语

主题

教室里的单词

说明

这种样式在收集外语单词的时候特别有用。针对每个主题都可以制作一本迷你书，在卡片的一面写上外语单词、画上图画，在另一面写上单词的对应含义。

模板

36

CLASSROOM

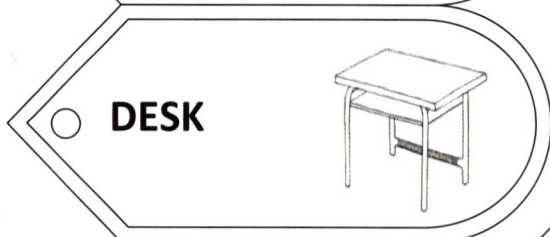

DESK

SCHOOLBAG

BLACKBOARD

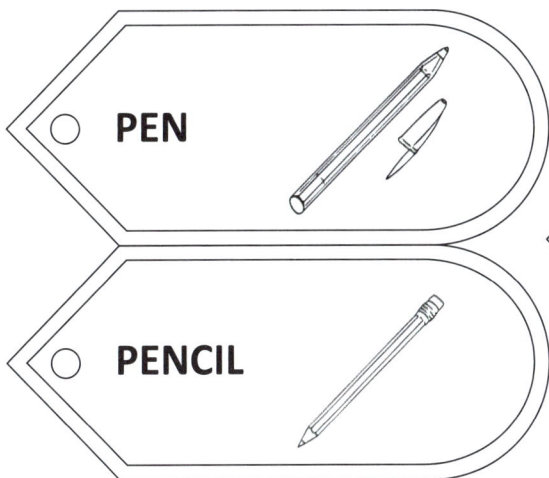

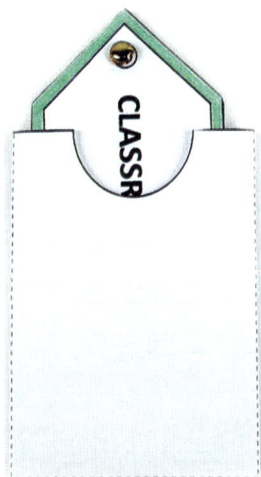

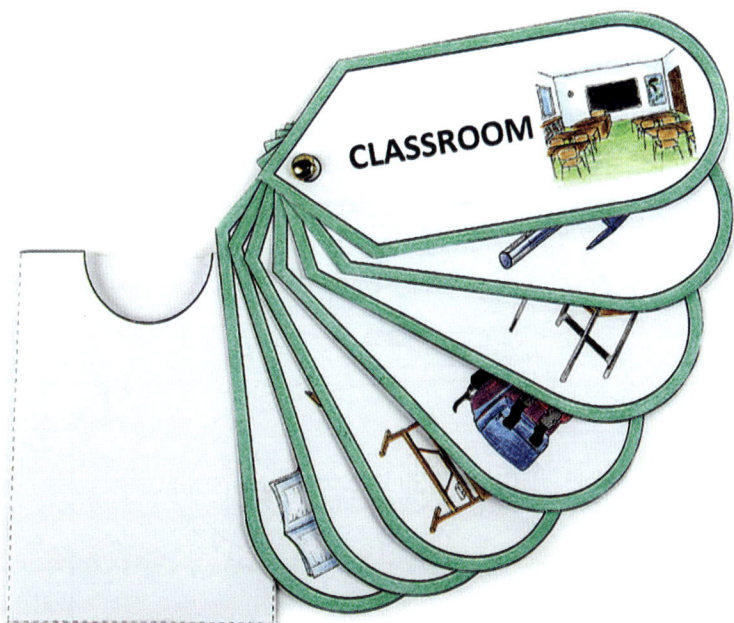

大头针固定口袋式迷你书
实例2

学科
历史

主题
古罗马七个国王

说明
在卡片的一面写上国王的名字，在另一面写上该国王的信息。写完所有的卡片之后，用一个大头针（或分腿钉）将所有卡片固定起来，按照时间年代顺序排列，就有了古罗马七个国王的完整信息。

模板
37

统治时间：从公元前753年
到公元前716年
拉丁人

罗马城的奠基人

⬭ 塔克文·普里斯库斯

⬭ 塞尔维乌斯·图里乌斯

⬭ 塔克文·苏佩布

统治时间从公元前715年 到公元前673年 萨宾人 建立了罗马人的宗教	统治时间从公元前673年 到公元前641年 拉丁人 致力于罗马领土的扩张 攻占了阿尔巴隆加	统治时间从公元前640年 到公元前616年 萨宾人 改善了城市的贸易 建立了奥斯提亚港口
统治时间从公元前616年 到公元前579年 埃特鲁斯人 将埃特鲁斯人传统的习俗带入 罗马（例如：托加长袍）	统治时间从公元前578年 到公元前535年 埃特鲁斯人 实施人口调查 按照贫富划分社会阶层	统治时间从公元前535年 到公元前509年 埃特鲁斯人 是一个独裁者，在公元前509 年的一次叛乱中被逐出罗马

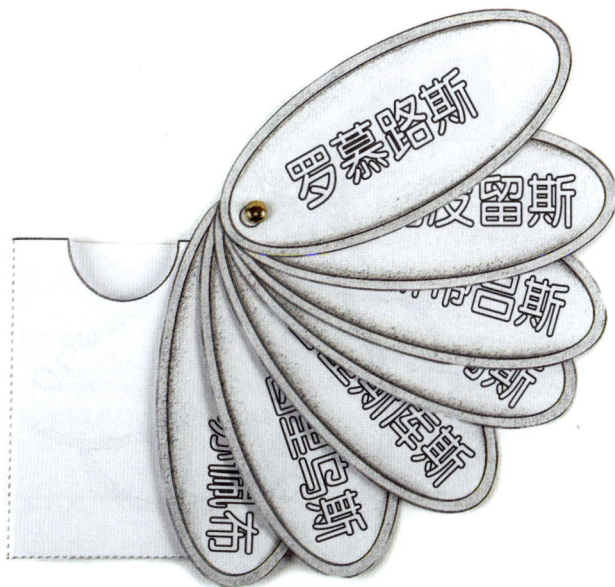

学科

意大利语

主题

单词"水（acqua）"的家族词

说明

在这个实例中，口袋中的卡片被剪成类似水滴的形状，与主题相切合。儿童在卡片上写出单词，将单词中CQU的音节部分标记上鲜艳的蓝色，来突出表现"水"的家族词。

模板

38

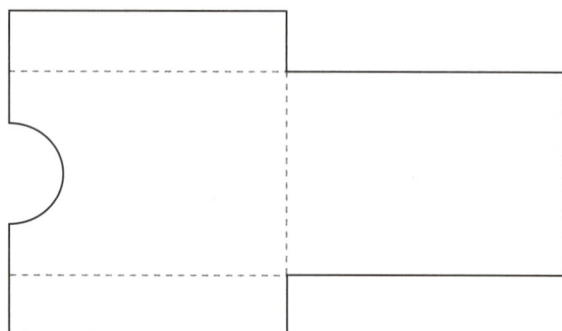

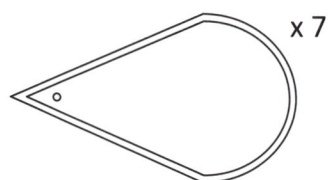

x 7

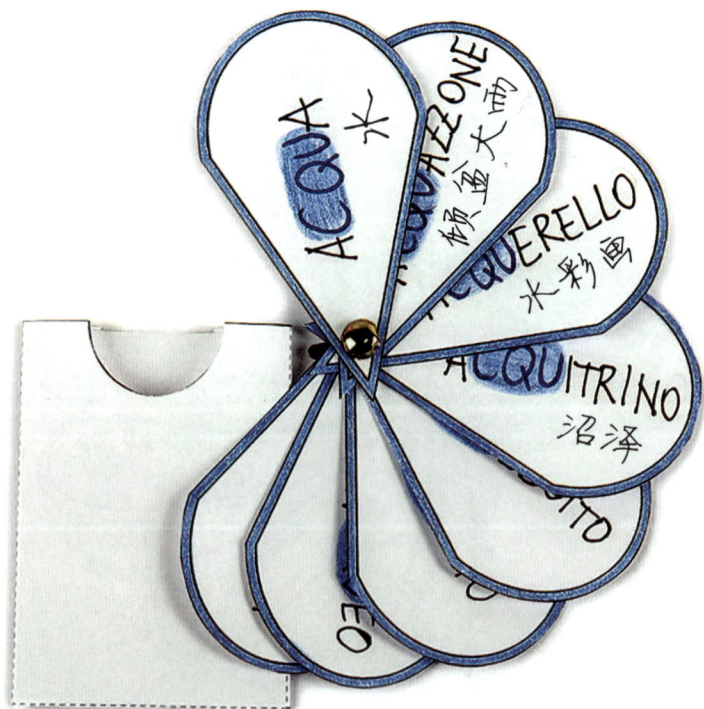

实例4

学科

地理

主题

植物群与动物群

说明

这种样式的特殊之处在于卡片的形状，可以写上更多的内容。也非常适合在卡片中间画上相应的说明图画，或者是直接贴上一张照片。在这个实例中，这种样式被用于制作与植物群和动物群有关的迷你书。

模板

39

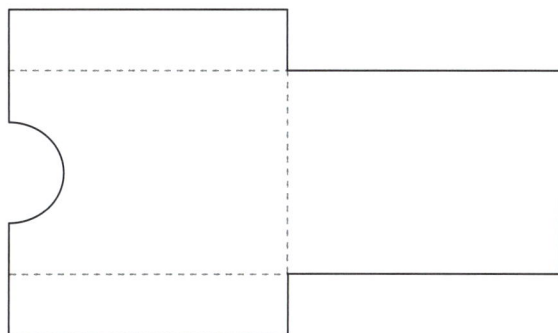

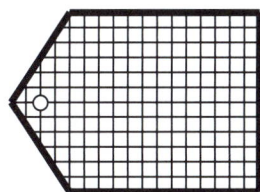

x 10

信封口袋式迷你书

适用对象

在既定主题下收集信息、图片和关键词

说明

装入口袋中的卡片可用于游戏，作为记忆工具或多米诺骨牌使用。

制作步骤

1. 剪出轮廓

2. 用锥子割出口袋的插口

3. 沿虚线折叠

4. 将最长的翻页向上折，胶水涂在其他的短翻页上，折过去粘贴

5. 在口袋中放入卡片

模板

40

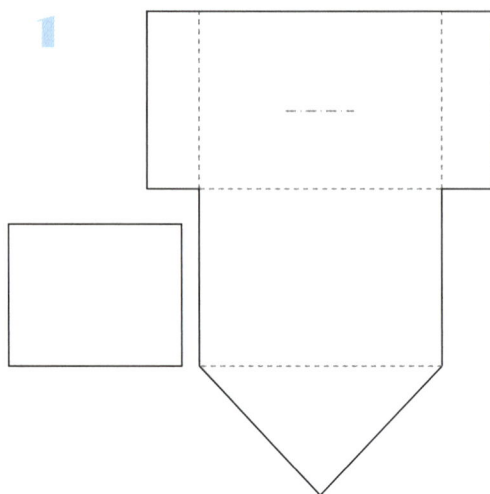

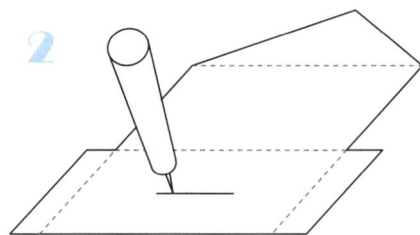

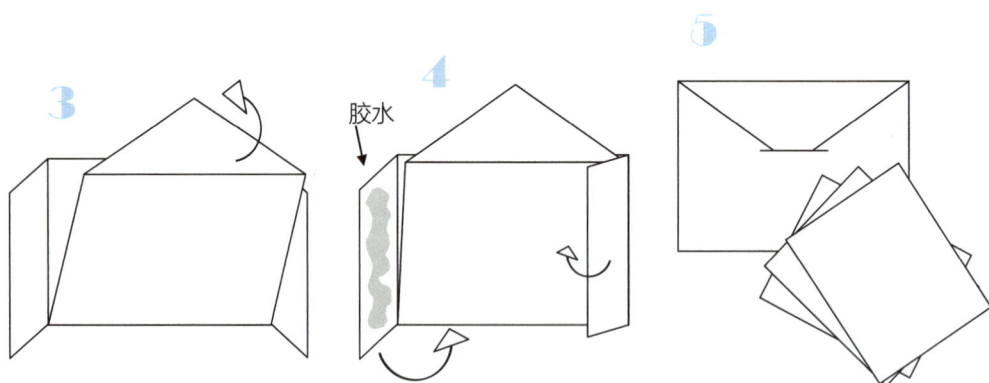

胶水

信封口袋式迷你书
实例1

学科

地理

主题

大气层

说明

在这个实例中，口袋用于收纳有关大气层运动的记忆卡片。儿童拿出卡片，背面朝上放在桌上，用卡片上的图画与定义来进行游戏。

模板

40

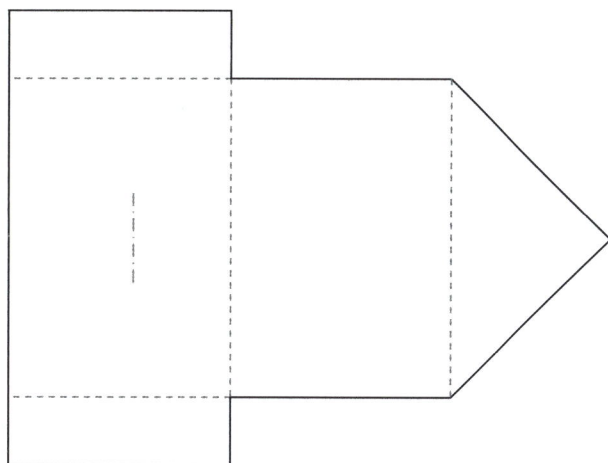

水变成雪花的形式	风使雨云运动	太阳照射
以固态形式降下冰雹	以液态形式降下雨	有强风时，雨和雪一起降下

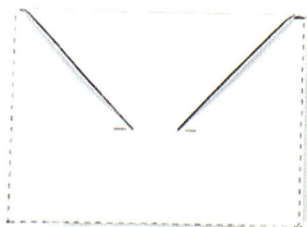

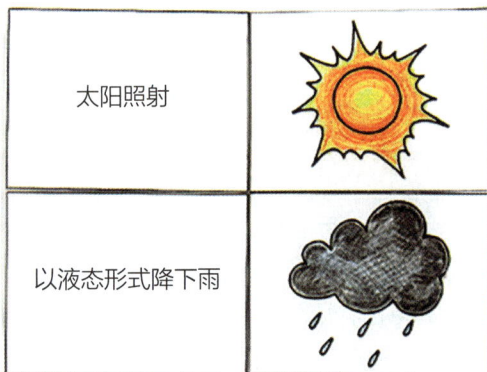

太阳照射

以液态形式降下雨

以固态形式
降下冰雹

随雨云运动

有强风时，雨和雪一
起降下

水变成雪花的形式

信封口袋式迷你书
实例2

学科

英语

主题

食物

说明

在这个实例中，儿童从口袋中抽出卡片之后，要将它们分成三组：有图画的、有中文*名称的和有英语名称的。然后把有图画的卡片排列在桌上，将与之对应的中文卡片和英语卡片排列在一旁。

模板

40

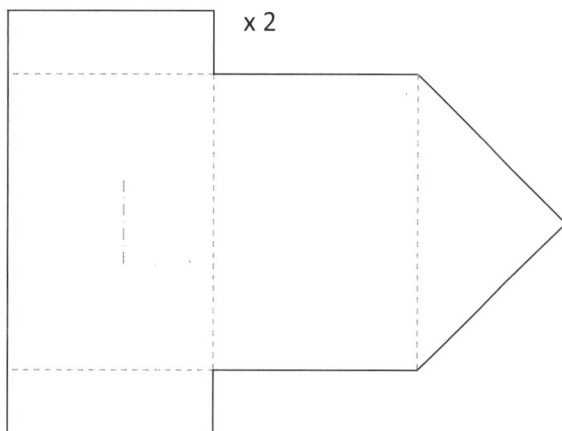

苹果	蛋糕	APPLE	CAKE
番茄	鸡蛋	TOMATO	EGG
草莓	肉	STRAWBERRY	MEAT
面包	牛奶	BREAD	MILK

---

* 编者注：原书中与英语对应的是意大利语，中文版改为中文汉字。

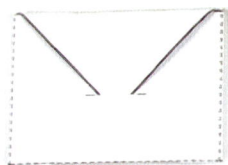

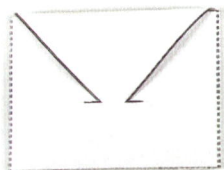

双窗口袋式迷你书

适用对象

在既定主题下收集相关信息、图片和关键词

说明

口袋中所装的卡片可以抽出用于游戏（如多米诺骨牌），或者用于特定主题的信息收集。

制作步骤

1. 剪出轮廓

2. 沿虚线折叠

3. 将四周翻页从外向内折，放入卡片后合上

模板

41

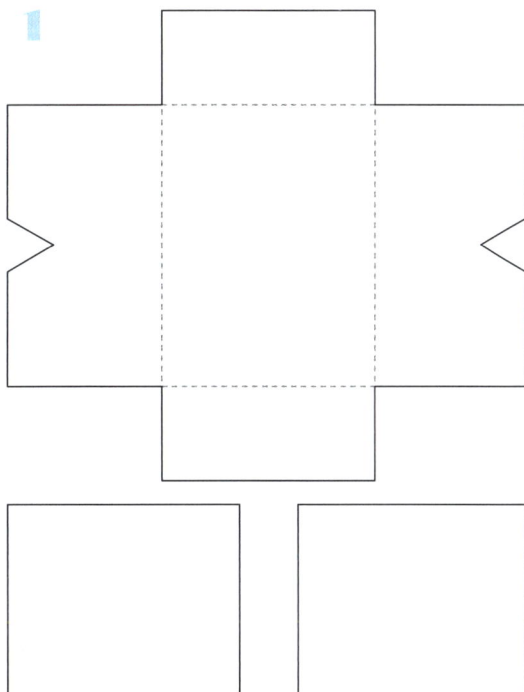

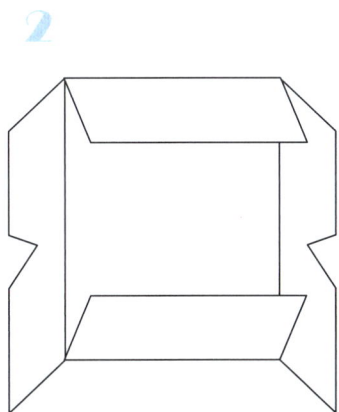

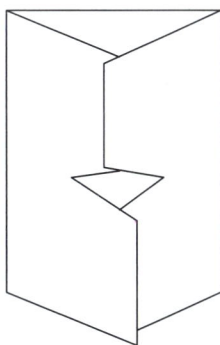

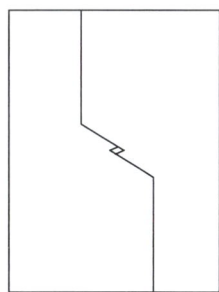

双窗口袋式迷你书
实例1

学科

语文

主题

小红帽

说明

在这个实例中，口袋里收纳的是讲述小红帽故事的卡片，通过多米诺骨牌游戏，帮助儿童锻炼按照时间顺序叙述故事的能力。每张卡片都被分成两个部分：右边是故事情节，左边是表现上一个故事情节的图画。儿童要把故事情节和图画对应起来，按照时间顺序连成完整的故事。

模板

41

小红帽	从前有一个叫做小红帽的小姑娘。
	一天，小红帽的妈妈让小红帽把一篮面包送给外婆。
	小红帽终于走到外婆的木屋，发现大灰狼装扮成了外婆。大灰狼揭开面具，一口就把小红帽吃掉了。

	沿着森林里的道路往前走，小红帽遇到了一只大灰狼。大灰狼指给她一条通往外婆家的小路。
	小红帽沿着大灰狼指示的小路走着，大灰狼则率先赶到了外婆家。

	吃饱了的大灰狼睡着了。一个猎人路过森林，从窗户中看到了大灰狼，把它杀死。

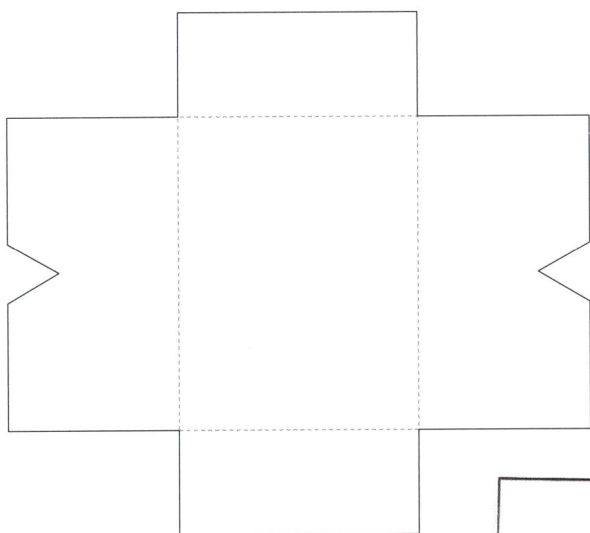

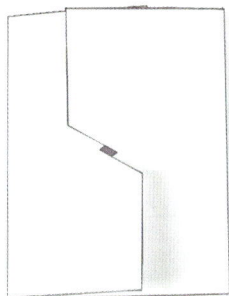

双窗口袋式迷你书
实例2

学科

地理

主题

美丽的地方

说明

在这个实例中，口袋里收集了与主题相关的详细信息与图片。每张卡片代表一个方面。

模板

41

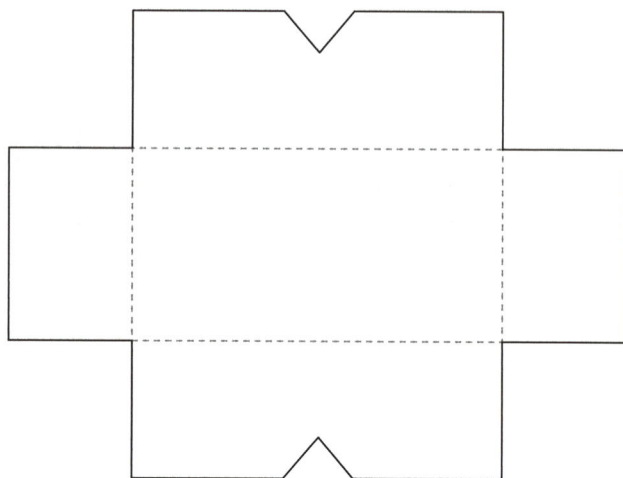

大区的旗帜	大区的首府	一个城市	语言和方言	一座城堡	一处遗迹
一个博物馆	一个景点	一道当地菜	大区名字的由来	我参观的地方	

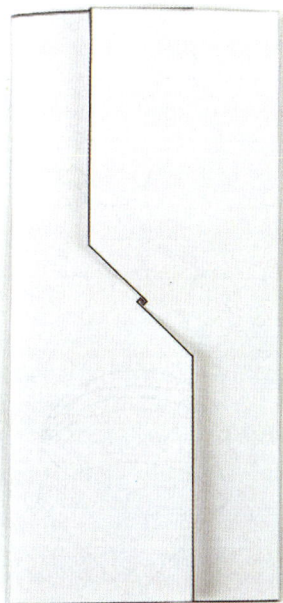

四分之一圆形迷你书

适用对象

把既定主题的内容进行等分

说明

圆锥形的口袋可以容纳折叠成圆锥形状的迷你书。若干个圆锥形的口袋又可以拼成一个完整的圆形让人觉得收集的各部分内容组合在一起是完整的。

制作步骤

1. 剪出轮廓

2. 沿虚线折叠两次

3. 将口袋纸片完全展开，在半边涂上胶水，粘贴之后再在半边涂上胶水，再合起粘上

4. 将尺寸略大的圆形内页纸片折叠成四分之一大小，插入圆锥形的口袋里

模板

42

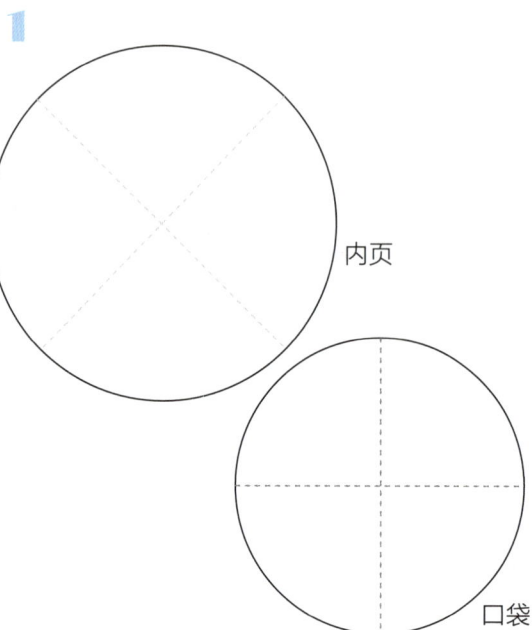

内页

口袋

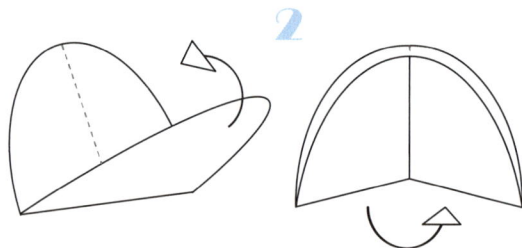

胶水

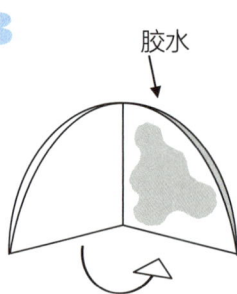

胶水

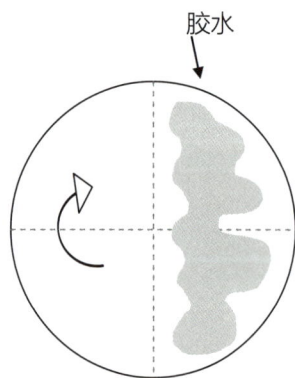

四分之一圆形迷你书
实例

学科

历史

主题

四季

说明

每个口袋里收集一个季节的信息。按照一定顺序粘贴的口袋呼应了春夏秋冬的循环。口袋内的迷你书收集了相应季节的气候信息，可以选用能够代表那个季节的典型色彩。

模板

42

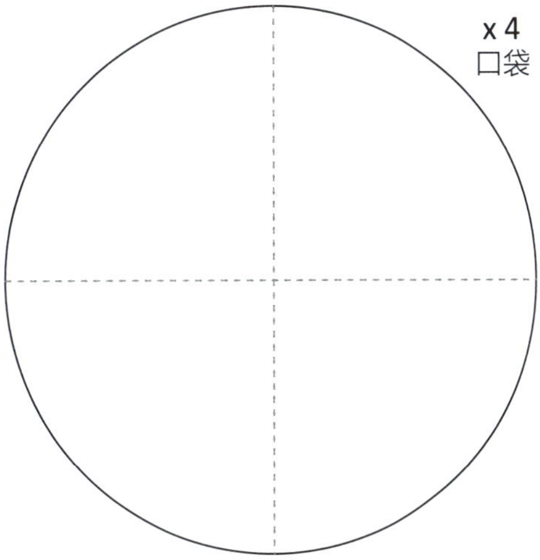

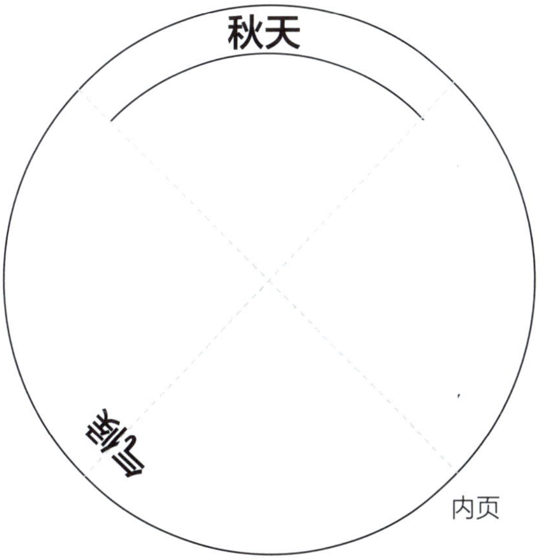

x 4
口袋

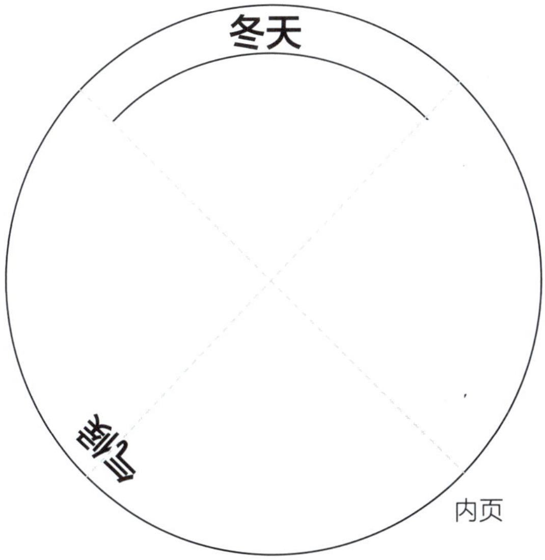

冬天

秋天

内页

内页

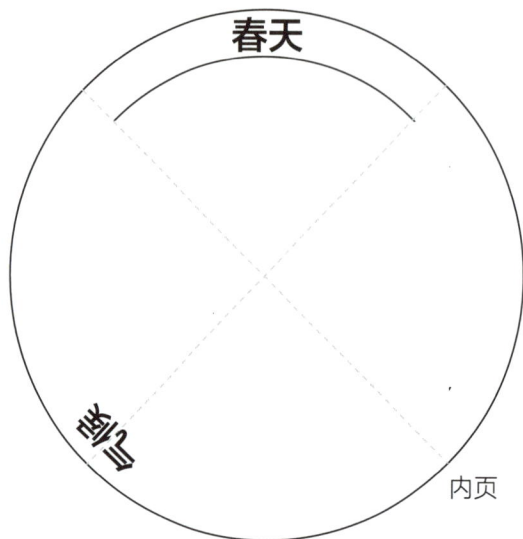

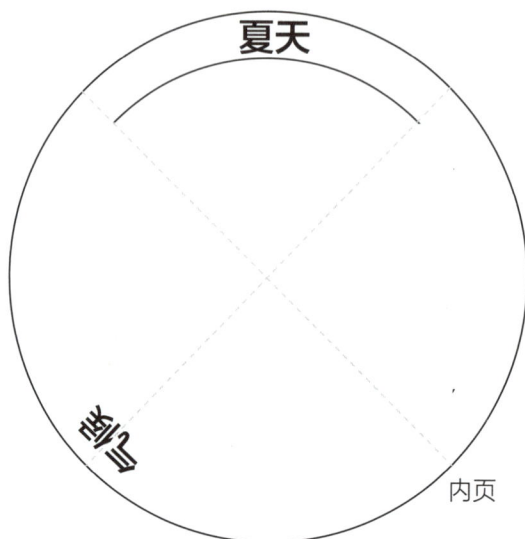

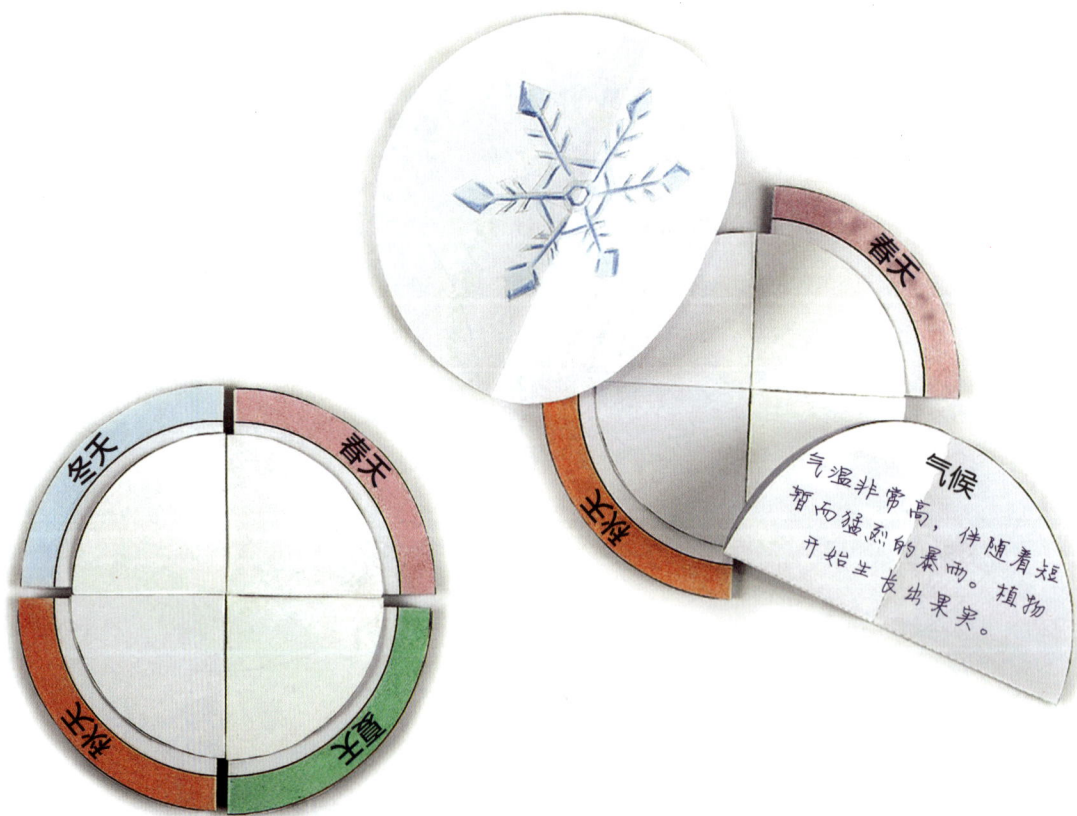

三分之一圆形迷你书

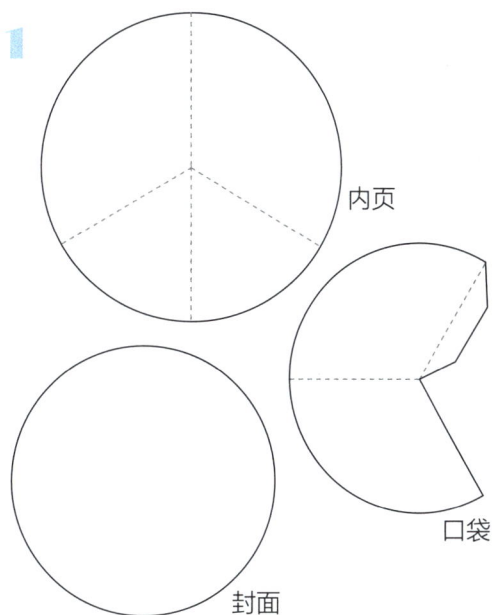

1 内页

口袋

封面

适用对象

制作一个饼图

说明

在圆形封面上画一个饼图，将三个三分之一圆形的口袋粘在封面下。在三张圆纸片上写上相关信息，折叠成三分之一圆形，再装入口袋内。

制作步骤

1. 剪出所有纸片的轮廓

2. 从两边向中间，沿虚线折叠

3. 在口袋纸片的小翻页上涂胶水，对半折叠，然后再把小翻页向内折叠粘贴

4. 将尺寸略大的圆形内页纸片折叠后插入口袋中

5. 将三个口袋拼在一起，组合成一个圆

6. 把口袋和圆形封面粘贴在一起

模板

43

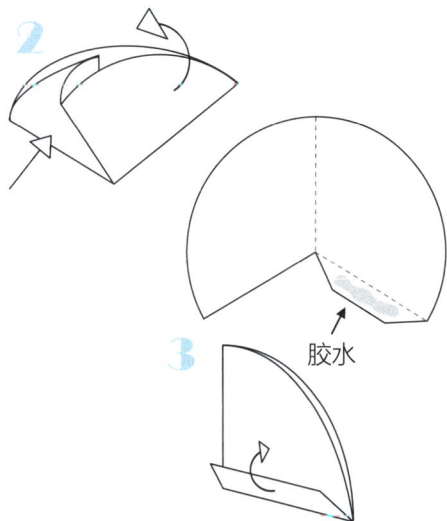

胶水

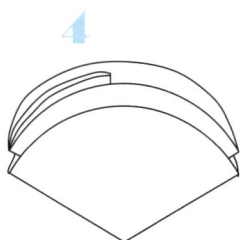

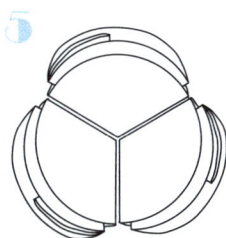

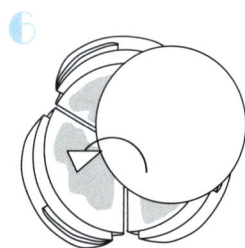

学科

地理

主题

地形

说明

在这个实例中，迷你书被制成一个表现特拉迪诺–阿尔托阿迪杰大区地理特征的饼图，详细呈现出山地、丘陵以及平原所占的比重。在封面写上百分比，涂上相应的颜色，再写上标题。在内页写上主要山脉、丘陵及平原的名字。

模板

43

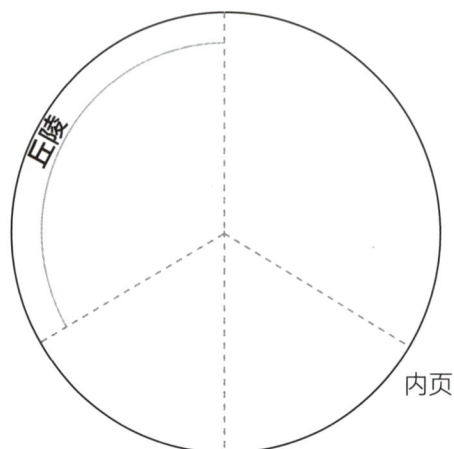

内页

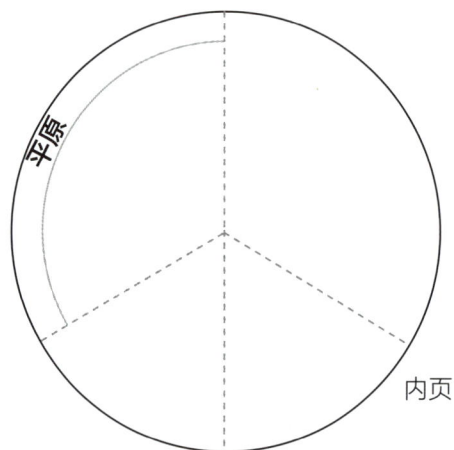

内页

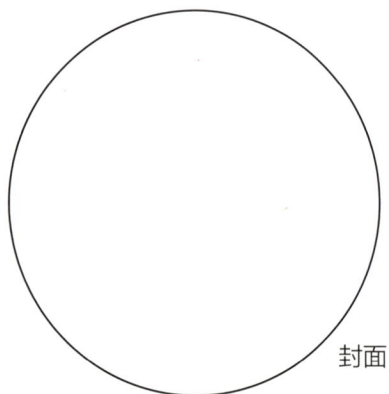

封面

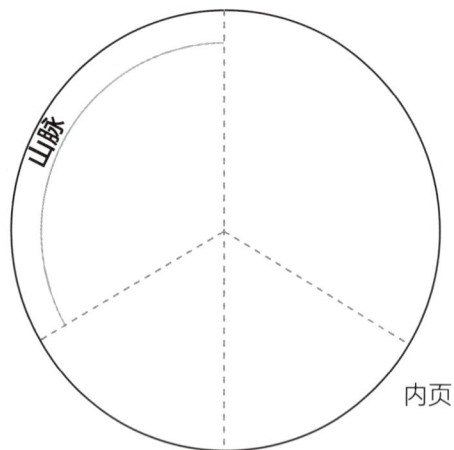

内页

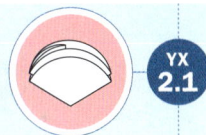
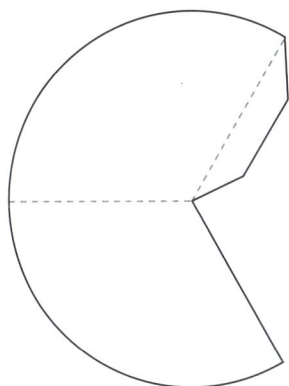
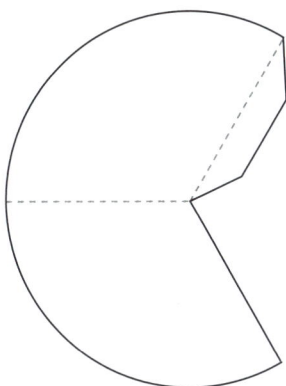
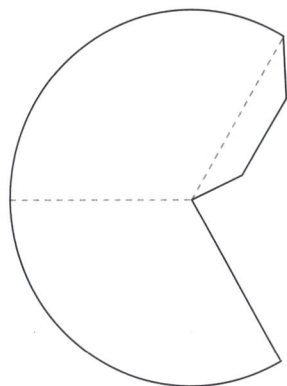

口袋

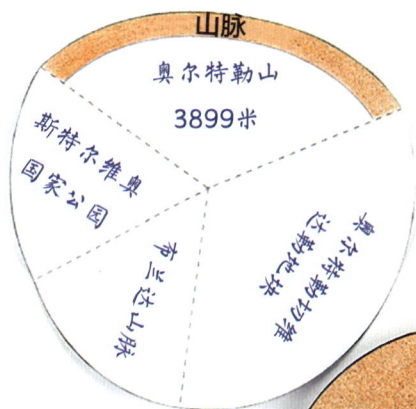

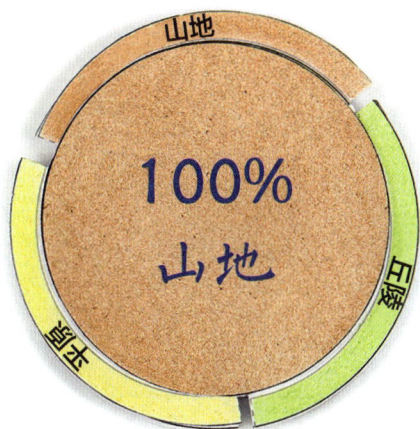

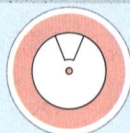
转盘式迷你书

适用对象

收集信息目录或者记下时间顺序

说明

这种样式适用于记录学习时间的前后顺序。在看到遮盖的部分之前，儿童可以先试着猜测下一个即将发生的事件。

制作步骤

1. 剪出轮廓
2. 用锥子刺出圆心的洞
3. 穿入大头针（或分腿钉）固定

模板

44～46

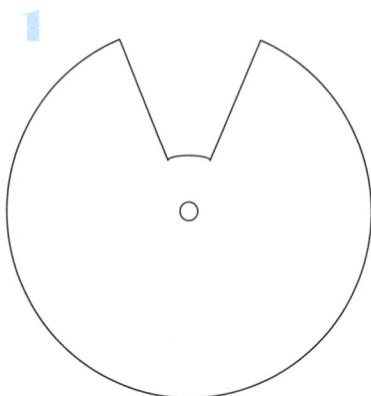

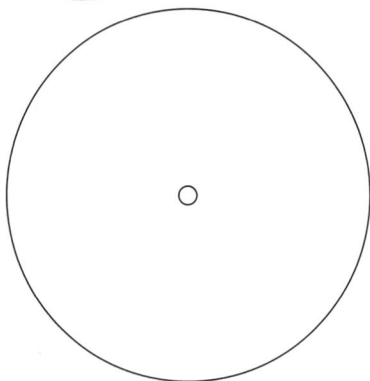

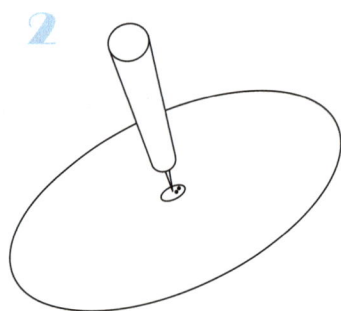

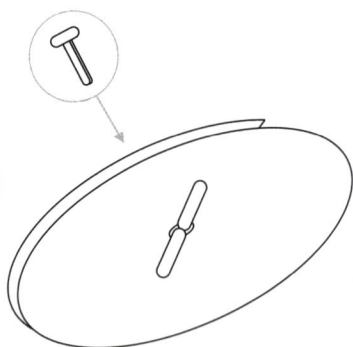

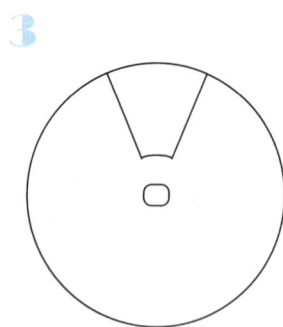

转盘式迷你书
实例1

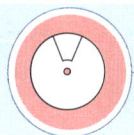

学科

语文

主题

星期

说明

使用这种样式的迷你书，儿童可以学习星期的表达方式，发现小鸡生长的不同生命阶段，从而强化对星期顺序的记忆。还可以使用这种样式开展传统童谣的朗诵。

模板

44

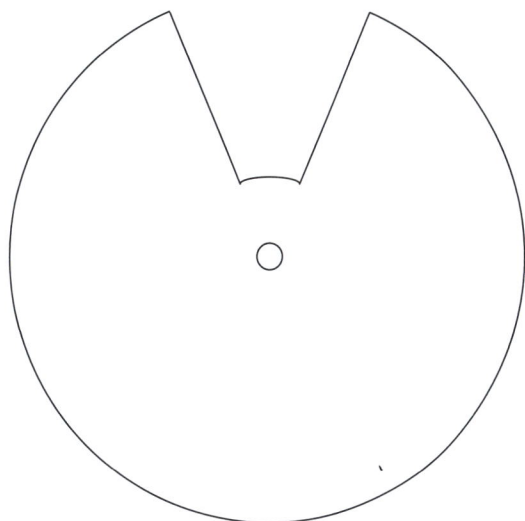

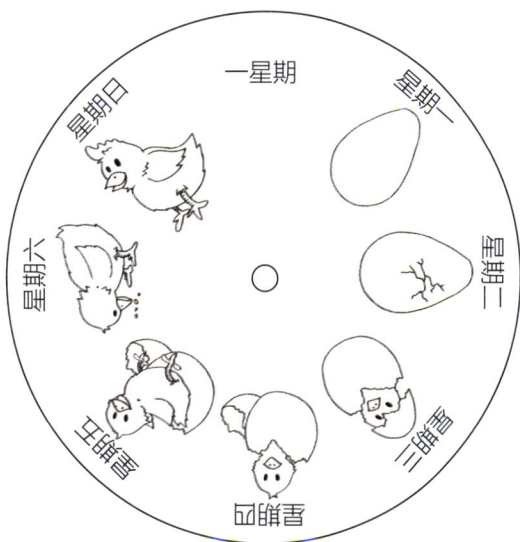

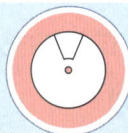
学科

语文

主题

童话人物

说明

这种样式由两层圆形组成，上层圆形纸片有两个开口：一个可以看到下层圆形纸片上的图画，另一个是对应图画的文字说明。在这个实例中，转动上层的圆形纸片可以发现童话人物在故事中的主要任务和性格特点。

模板

45

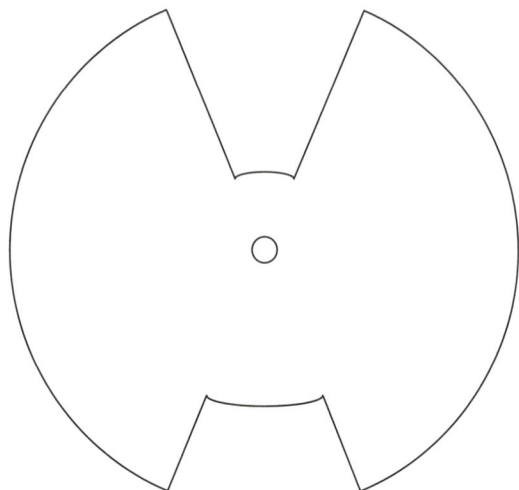

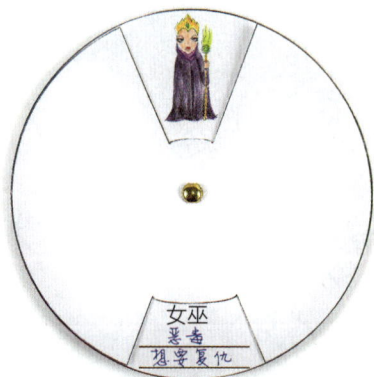

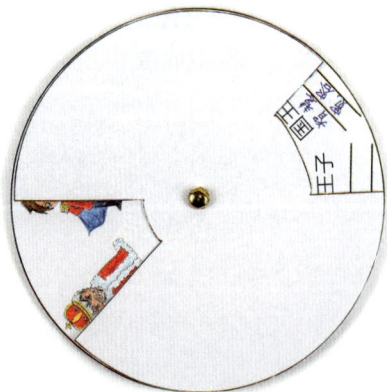

转盘式迷你书
实例3

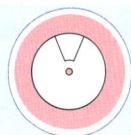

学科

科学

主题

动物

说明

这个转盘样式的上层有两个开口：一个大的开口在外围，一个小的开口靠近内侧。转动上层圆盘可以看到动物的图案和它所属的物种。

模板

46

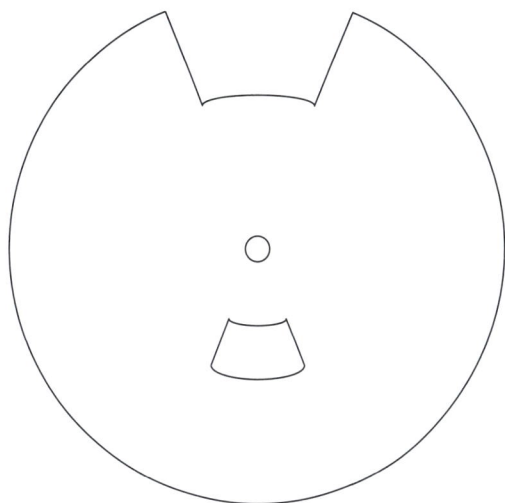

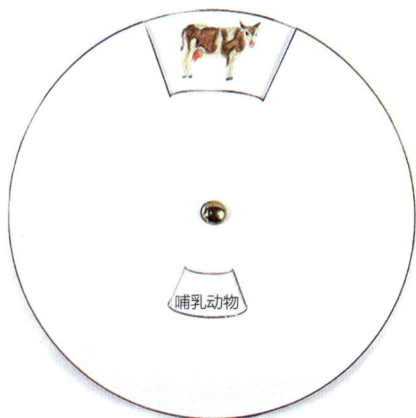

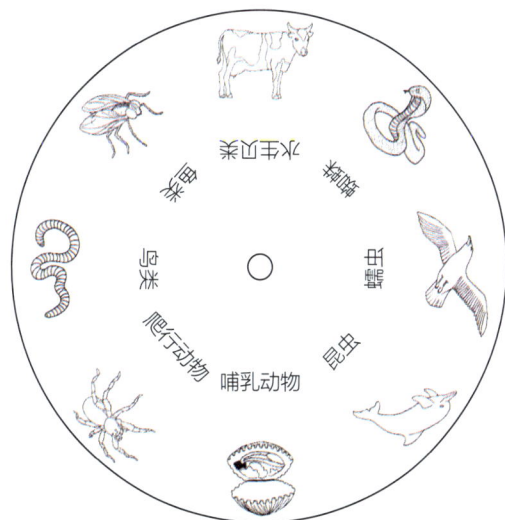

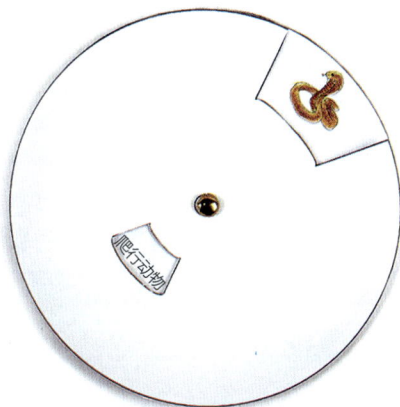

折页式迷你书

适用对象

在既定主题下收集信息

说明

这种样式以一本小册子的形式呈现，封面和内部空间都可以记载信息。完全展开之后还可以添加更多的内容。

制作步骤

1. 剪出轮廓

2. 沿虚线对折

3. 再次对折，合上

模板

47

1

2

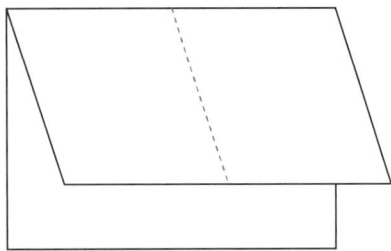

3

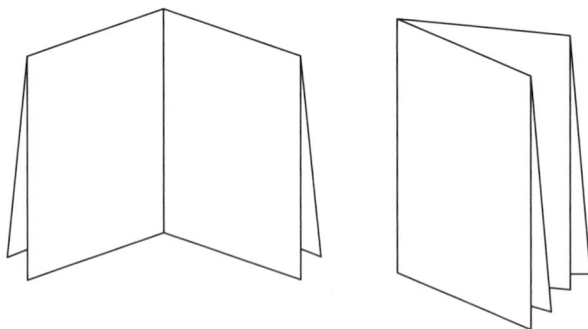

折页式迷你书
实例

学科

科学

主题

科学实验

说明

在这个实例中，封面上写了标题、问题和假设，迷你书内部有详细的实验过程和相关的图画。为了最大限度地利用空间记载信息，还可以完全打开纸张，在边缘部分记下其他信息或者实验的后续步骤。

模板

47

科学实验

标题： 实验箱中的云

问题：
云和雨是如何形成的？

假设：
当水蒸气遇到冷气流，凝结成云

材料：
- 水
- 锅盖
- 炉灶
- 实验箱

实验步骤：
打开锅盖
将水放入锅中
打开炉灶

水渐渐融化变成水，当它开始沸腾时，将其倒入实验箱，盖上锅盖。

结论：
水蒸气上升遇到冷的锅盖凝结成小水珠，水珠变大就会落下形成雨。

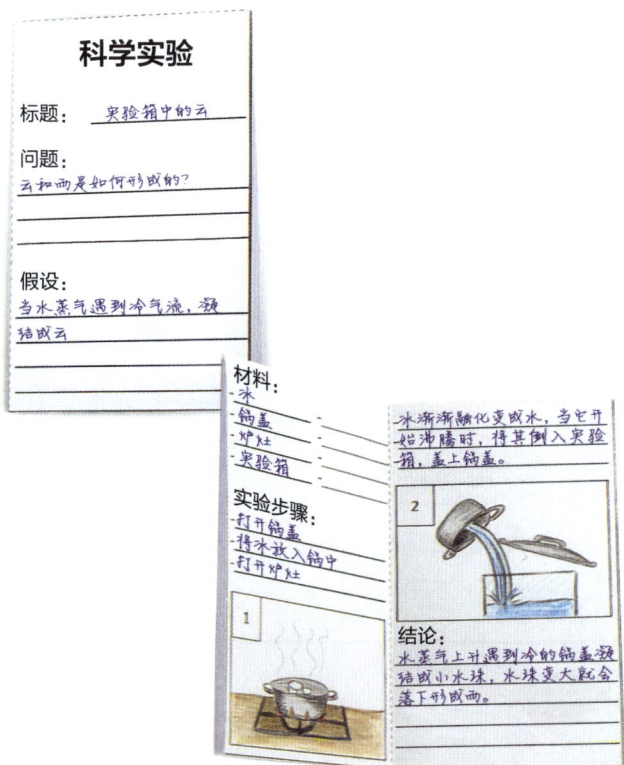

多层折页式迷你书

适用对象

一步步说明一个过程

说明

这种交错排列的页面样式可以将连续
动作表现得更加明显。

制作步骤

1. 剪出轮廓，沿虚线折叠

2. 将纸片插成阶梯状

3. 用订书机固定

模板

48～49

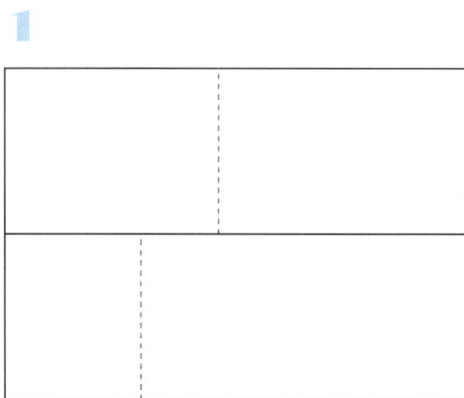

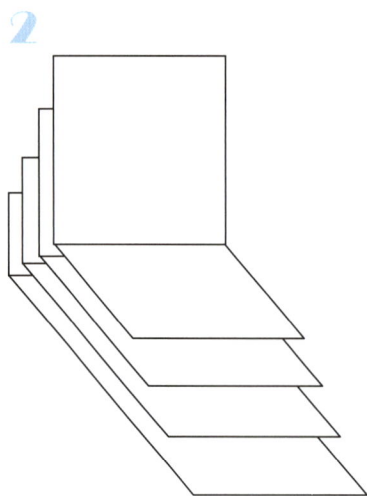

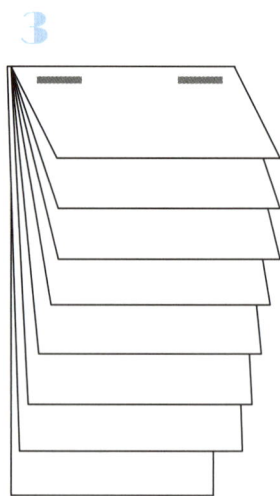

学科

科学

主题

科学方法

说明

这种样式可用于记录一系列标准化步骤的顺序，例如：在每个折页上写一个步骤，在折页背面画上图画、写上相应的步骤说明。

模板

48~49

科学方法

得出结论	收集信息
提出假设	提出问题
分享传播	记录和分析数据
进行实验	

手风琴多层折页式迷你书

适用对象

按照时间顺序排列一系列发生的事件

说明

按照时间顺序记载发生的事件，通过标签可以快速地找到主题。

制作步骤

1. 剪出轮廓，沿虚线折叠

2. 在纸张B的灰色部位涂上胶水

3. 把纸张A与B粘贴在一起，其他的纸张也用同样的方法组合在一起

4. 将粘贴在一起的纸张折叠成手风琴的样式

模板

50～53

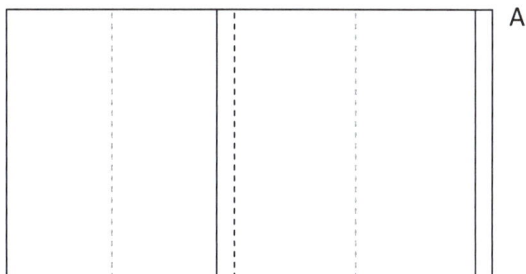

A

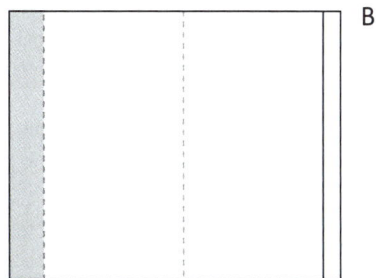

B

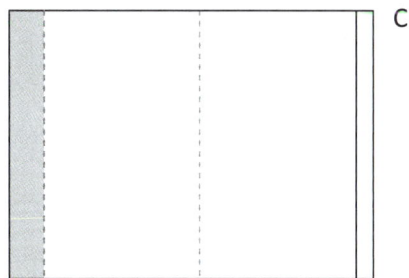

C

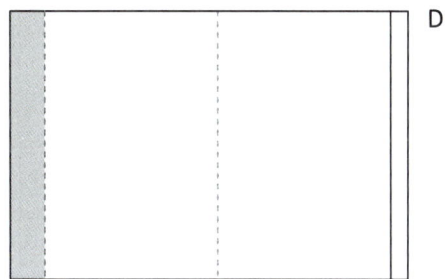

D

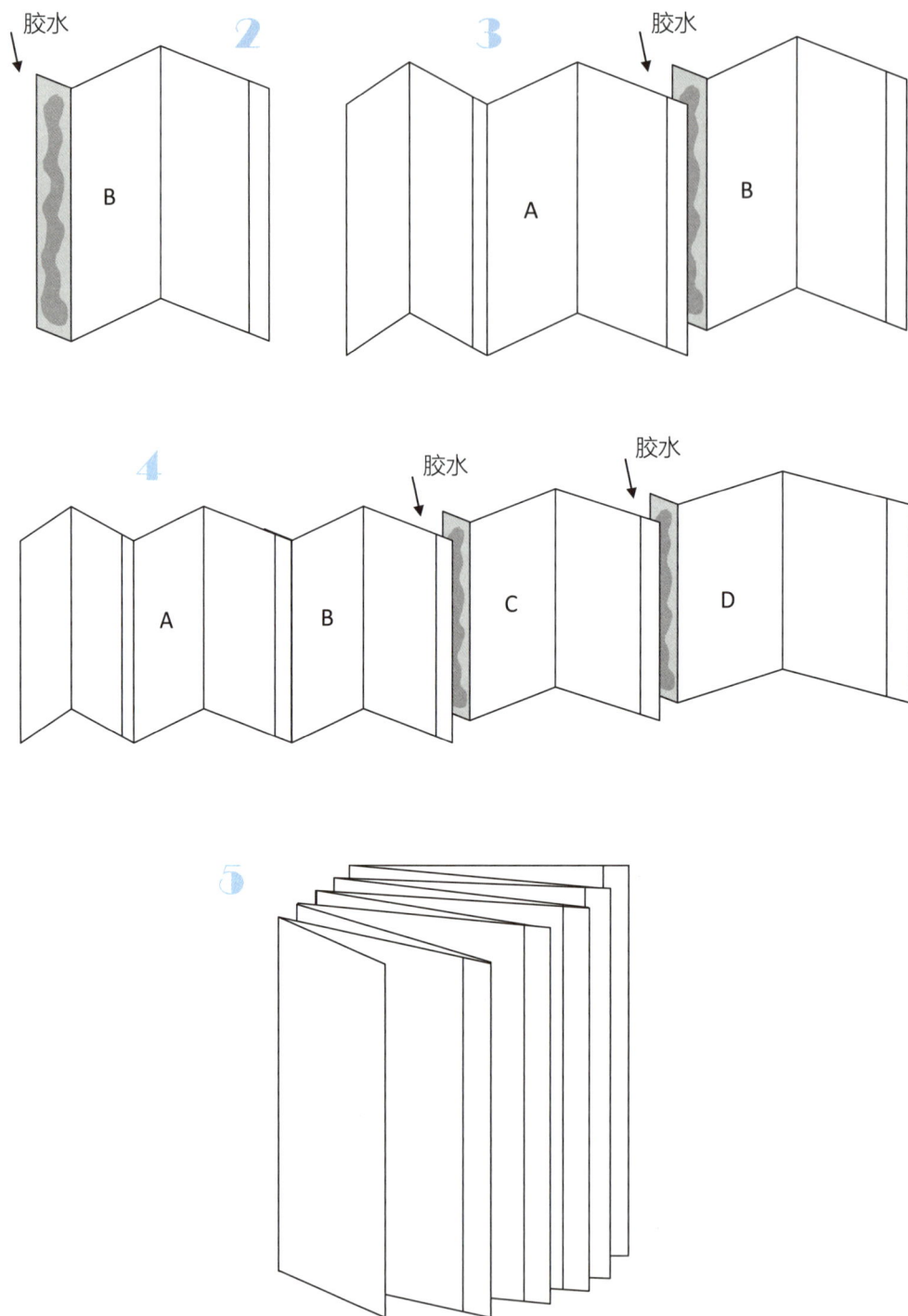

手风琴多层折页式迷你书
实例

学科

历史

主题

人类的进化

说明

这种样式的迷你书有很多页，每页都对应一个不同时期的人。折叠之后的迷你书展示出了人类的进化过程。

模板

50～53

时期：_____ 地点：_____
住所：_____
食物：_____
特征：_____
智人

时期：_____ 地点：_____
住所：_____
食物：_____
特征：_____
直立人

时期：_____ 地点：_____
住所：_____
食物：_____
特征：_____
尼安德特人

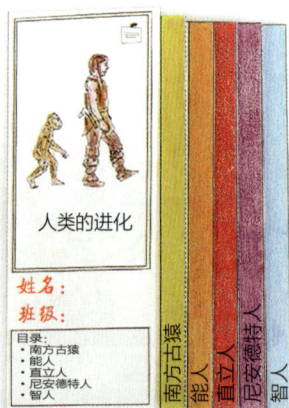

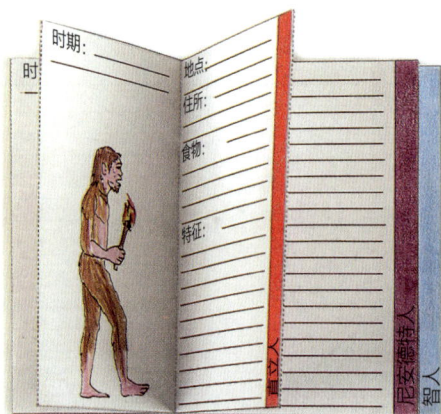

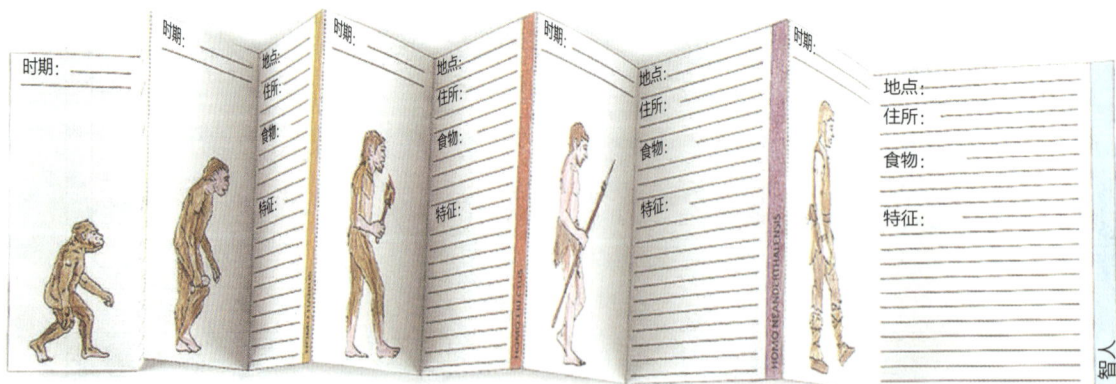

风箱式迷你书

ZY
4

适用对象

在很小的空间里分析广阔复杂的概念

说明

这种样式的迷你书关上的时候像是一本翻翻书，打开之后会奇迹般地形成一个幻想空间。适合在很小的空间内记载大量信息。

制作步骤

1. 剪出轮廓，沿虚线折叠

2. 将内页从外向内沿着对角线折叠

3. 在内页外侧涂上胶水

4. 在内页外侧粘贴封面

模板

54～55

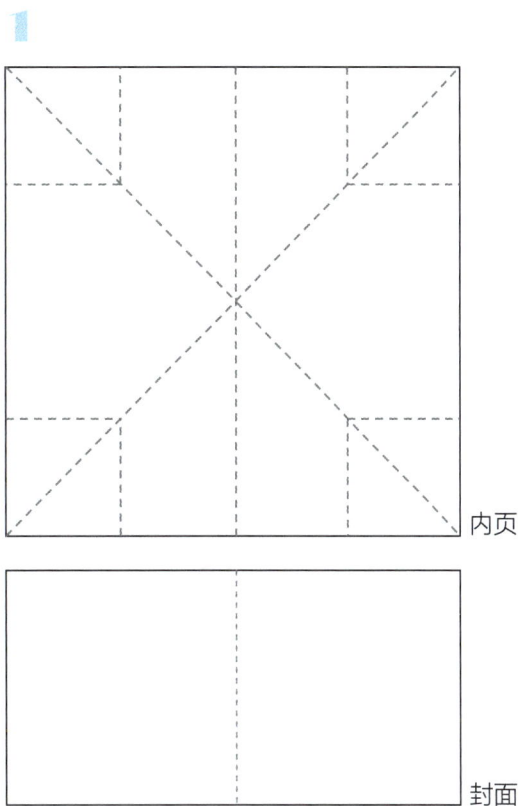

内页

封面

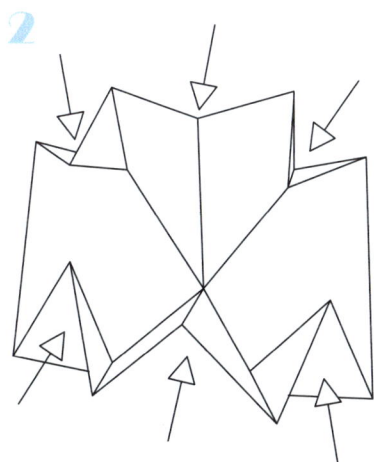

胶水

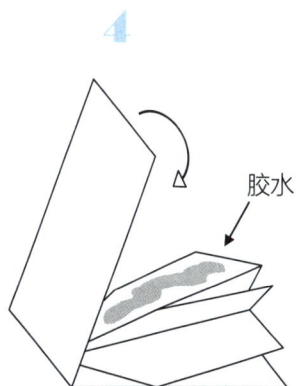

胶水

学科

语文

主题

小王子的旅行

说明

在这个实例中，用迷你书展开后的空间创造出小王子的完整旅行，呈现出所有的小行星。每个小行星都是一个圆形翻页，翻开来可以看见人物形象以及他们的名字和性格特征。

模板

54～55

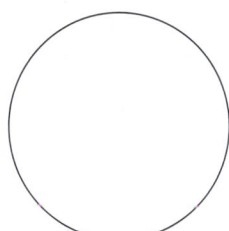 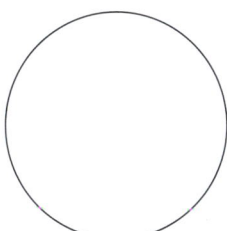 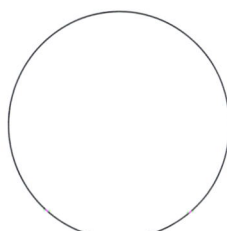

小行星
325

小行星
326

小行星
327

小行星
328

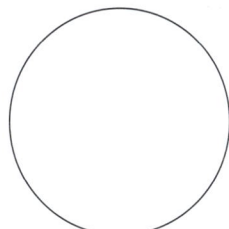 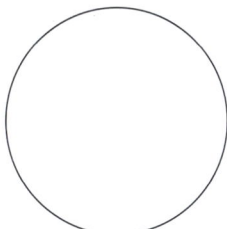 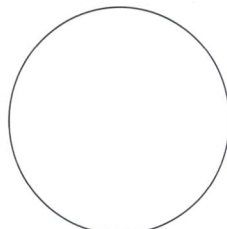

小行星
329

小行星
330

单层立体式迷你书

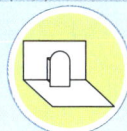
适用对象

描述一个特定事件的变化，或者创造一个立体具象的物体

说明

这种样式的迷你书可以呈现出一种两层的三维场景：一层是背景板，一层是背景前面的物体。可以沿着背景或物体的轮廓裁剪，让形象更立体。

制作步骤

1. 剪开轮廓，沿虚线折叠

2. 将纸带折叠，涂上胶水后粘贴，做成一个中空的立方体

3. 将物品图片粘贴在立方体的前侧，在立方体的后侧和底部涂上胶水

4. 将立方体的后侧和底部粘贴在折叠的背景纸上

模板

56

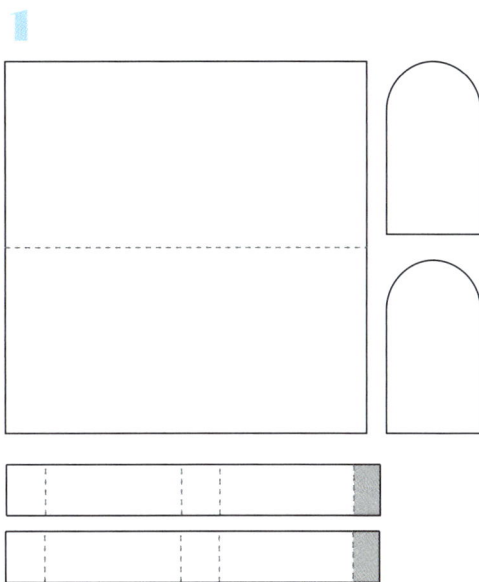

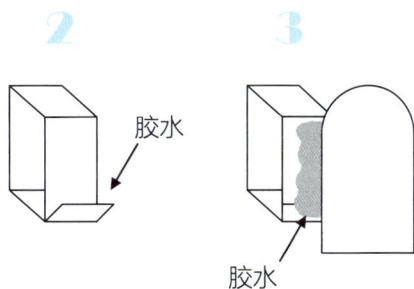

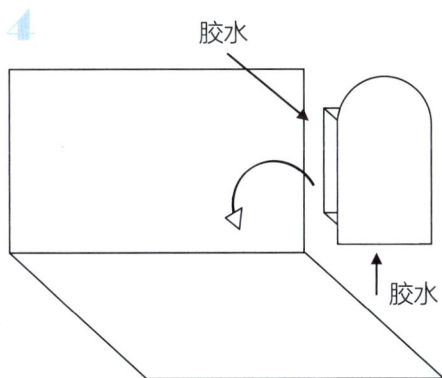

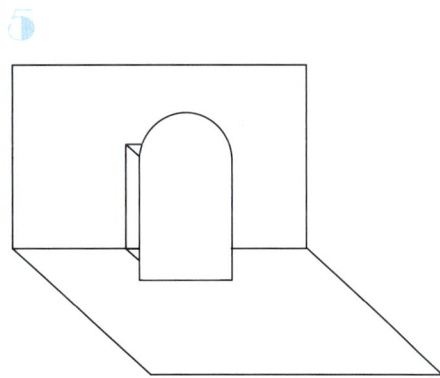

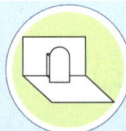
学科

语文

主题

小王子的星球

说明

在这个实例中，立体书的底部被画成小王子居住的星球，并沿着轮廓剪裁。将其折叠之后可以在灰色区域上粘贴人物和玫瑰花的图片。

模板

56

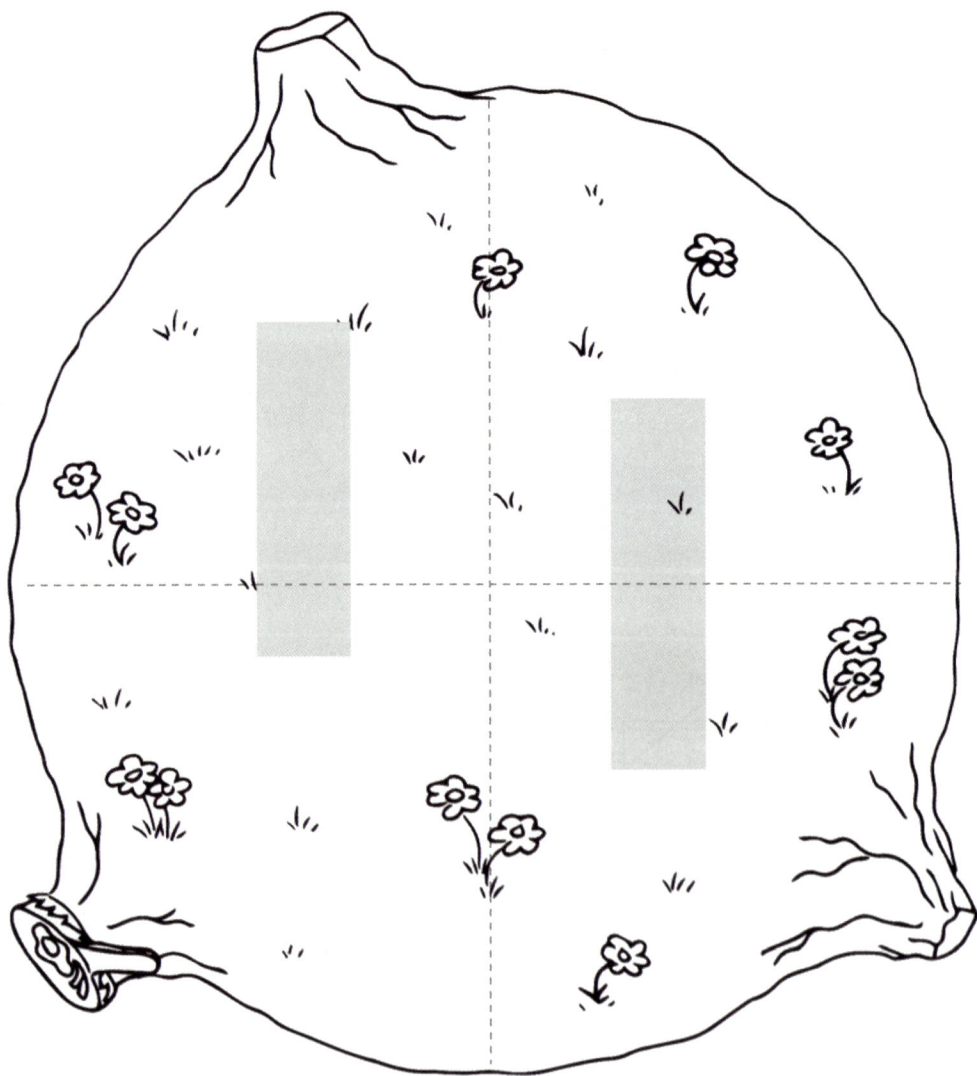

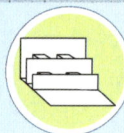
适用对象

实现对一个特定事件的动作描摹，或者创造一个立体具象的物体

说明

这种样式的迷你书可以呈现出一种三层的三维场景：背景板和背景前的两层。可以沿着背景或物体的轮廓剪裁，展现出一个更立体真实的效果。

制作步骤

1. 剪出轮廓，沿虚线折叠

2. 将纸带折叠、粘贴成中空的立方体

3. 把折叠后的第一层前景板和第二层前景板粘贴在一起

4. 在层与层之间粘贴折成立方体的纸带

模板

57～59

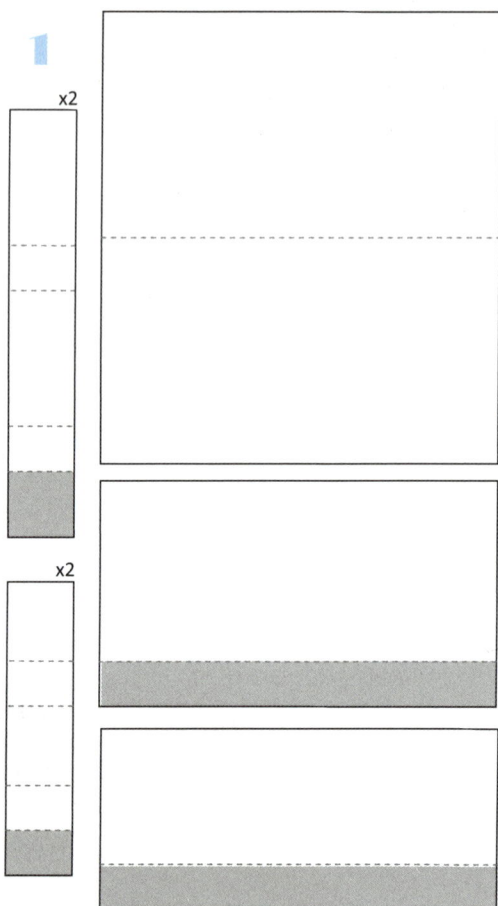

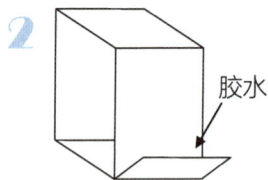

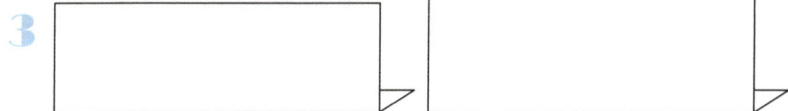

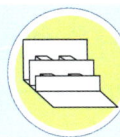

4

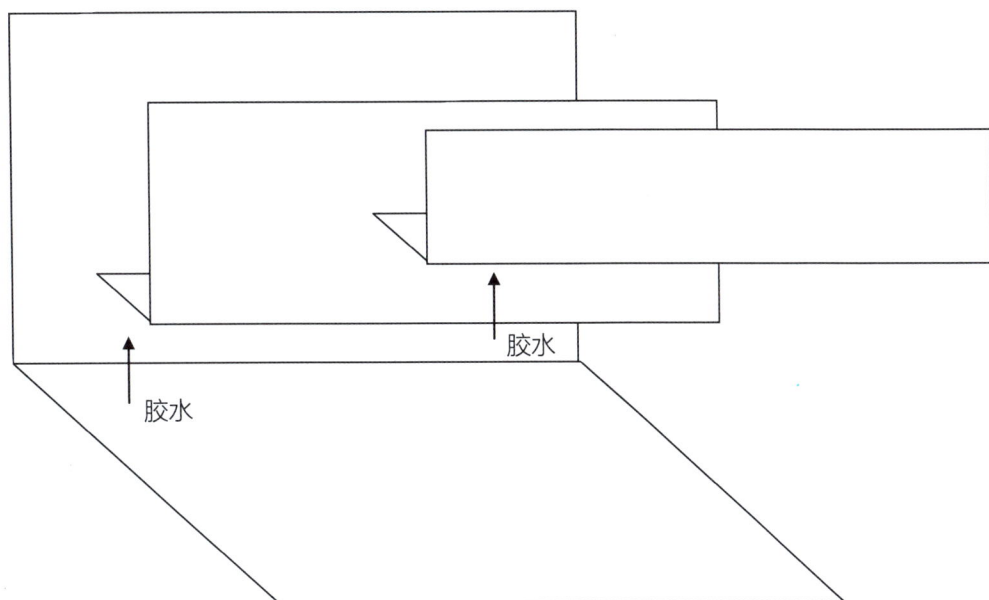

胶水

胶水

5

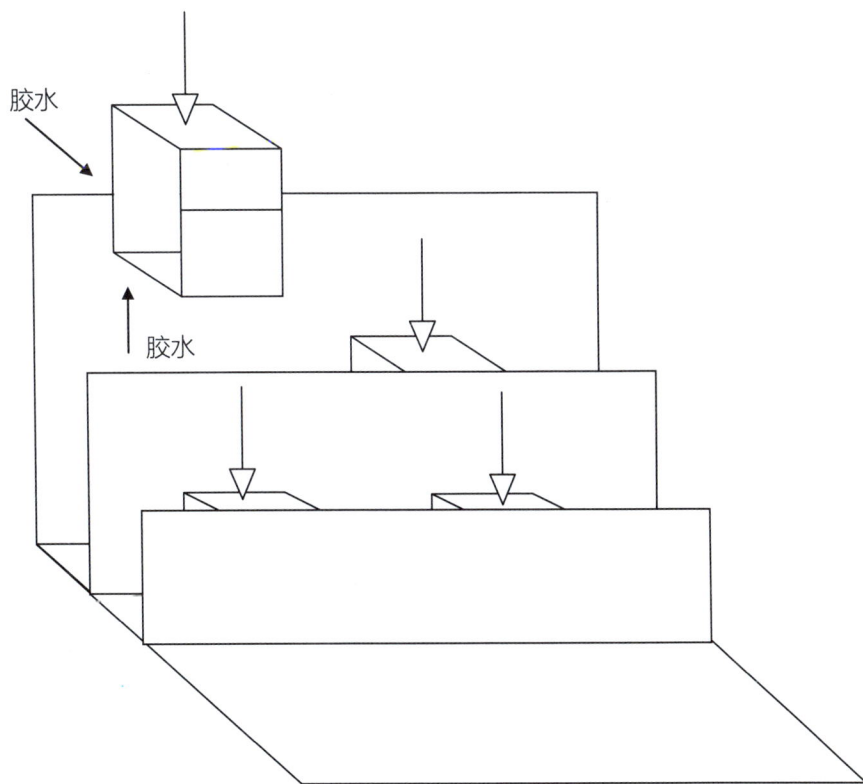

胶水

胶水

学科

语文

主题

小王子和沙漠

说明

在这个实例中，迷你书的底部是地球，图片作为封面放在外侧，两层前景板粘贴在内侧，营造出飞行员迫降飞机的沙漠环境。

模板

57～59

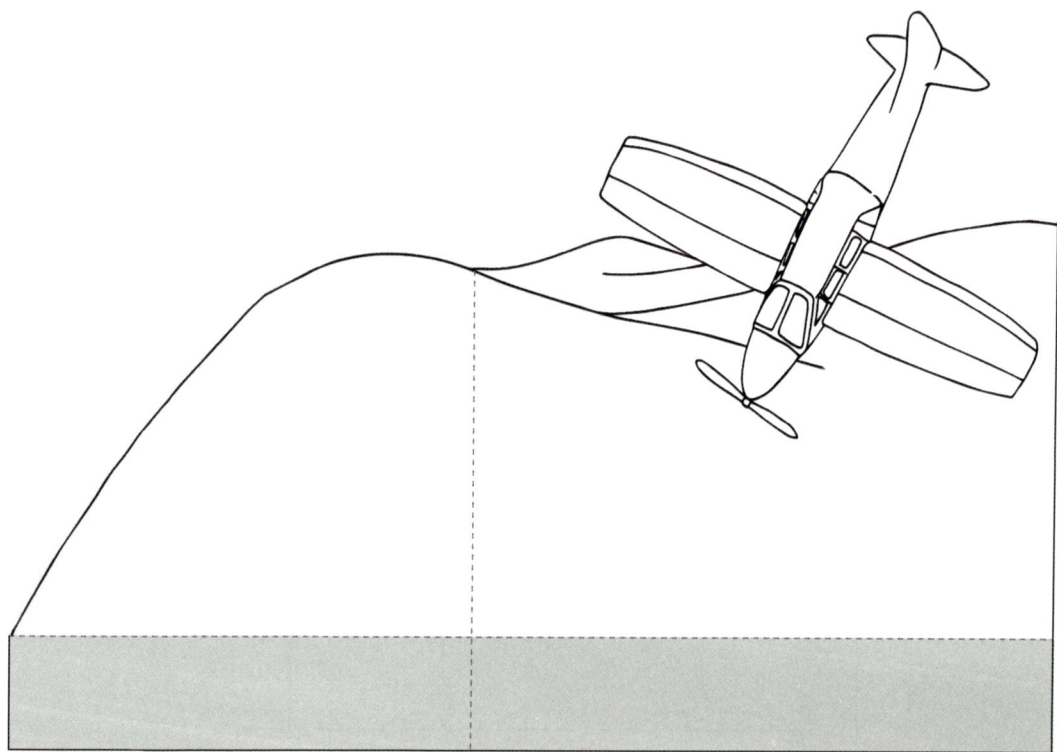

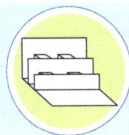

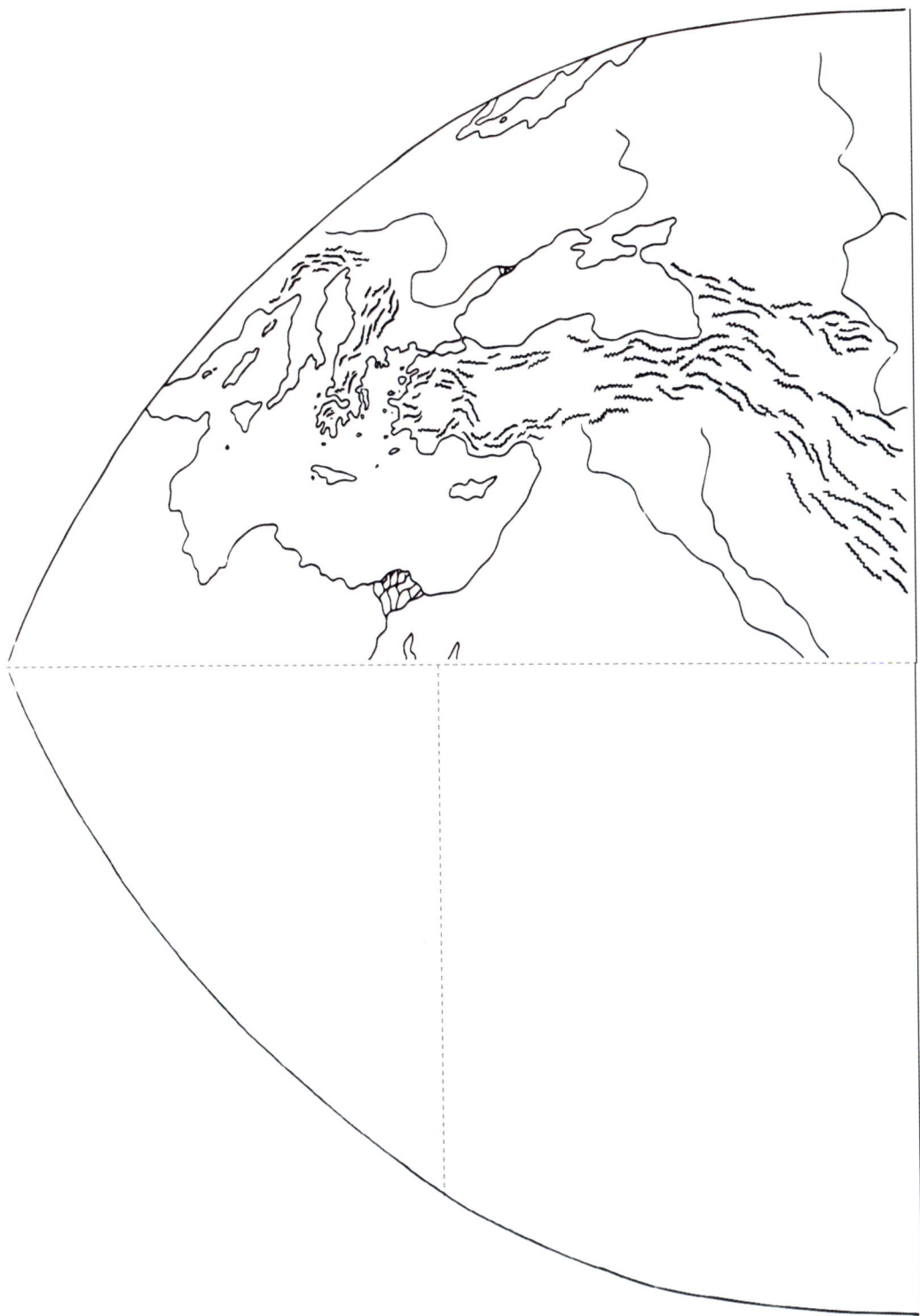

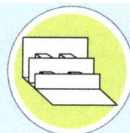

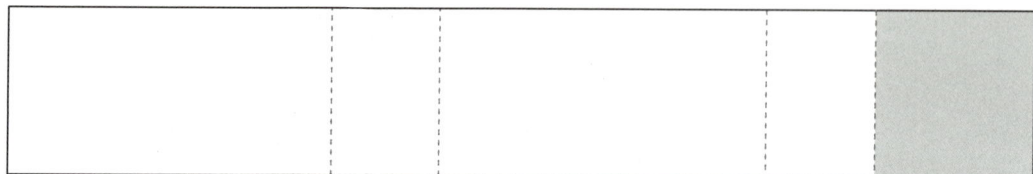

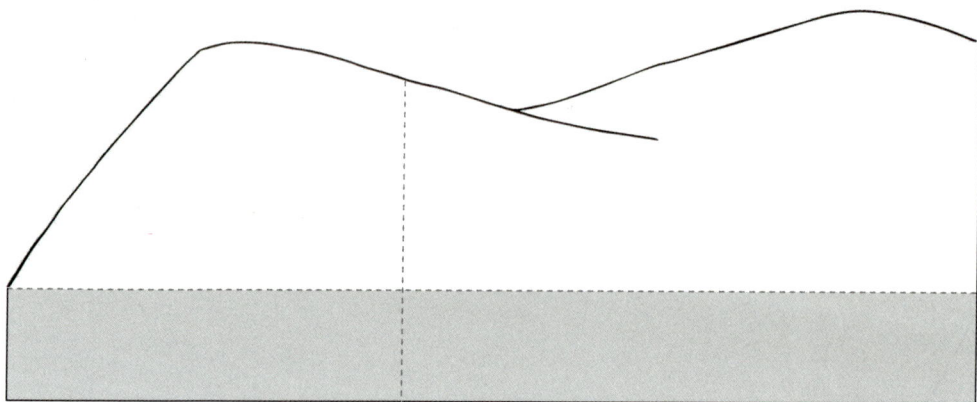

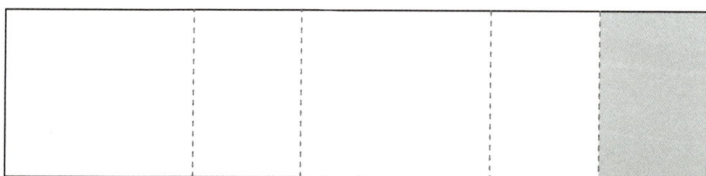

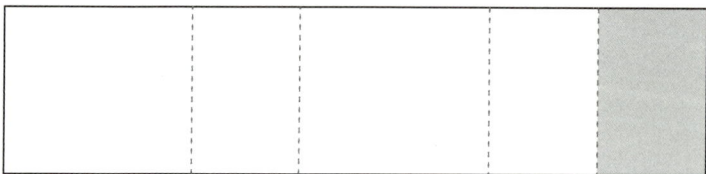

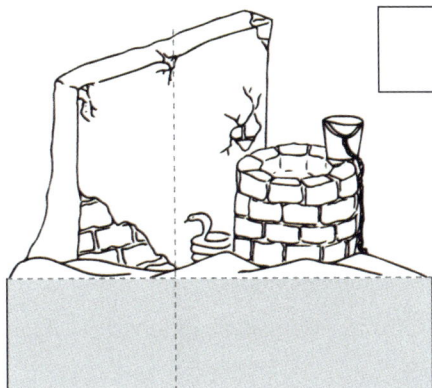

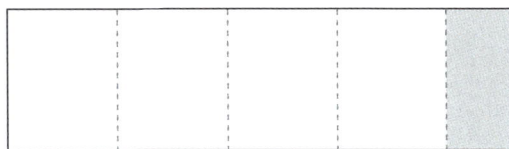

参考文献

1. Edito in Italia da Sonda nel 1996 con il titolo *Facciamo un libro: Imparare a leggere e a scrivere costruendo libri.*

2. Johnson P. (1996), *Facciamo un libro*, Torino, Edizioni Sonda, pp. 8, 20.

3. Alignani M.P. (1999), *Guida pratica per fare libri con i bambini*, Torino, Edizioni Sonda.

4. Zike D. (1992), *Big book of books and activities: An illustrated guide for teachers, parents, and anyone who works with kids!*, San Antonio, TX, Dinah-Might Adventures.

5. Dale E. (1969), *Audio-visual methods in teaching (3rd ed.)*, New York, Holt, Rinehart & Winston.

6. Arnheim R. (1974), *Il pensiero visivo*, Torino, Einaudi.

7. Dewey J. (1999), *Il mio credo pedagogico*, Firenze, La Nuova Italia.

8. Montessori M. (1970), *L'autoeducazione*, Milano, Garzanti.

9. Gibson J.J. (1999), *Un approccio ecologico alla percezione visiva*, Bologna, il Mulino.

10. Freinet C. (1976), *Le mie tecniche*, Firenze, La Nuova Italia.
    Freinet C. (1978), *La scuola del fare*, Milano, Emme Edizioni.

图片来源

图1.11来自https://library.duke.edu/

图1.12来自http://livropopup.blogspot.it/2010/12/origem-dos-livros-pop-up.html

图1.14来自http://www.popuplady.com

图1.15来自http://emopalencia.com/desplegables/historia.htm

图1.16来自http://www.vintagepopupbooks.com

图1.17来自http://www.amazon.com/Happy-Seasons-Calendar-Ernest-Nister/dp/0399215557

图书在版编目（CIP）数据

风靡全球的折叠大书学习法 / （意）朱迪塔·戈塔迪，
（意）吉尼芙拉·G. 戈塔迪著；包晗译 . —上海：华东师
范大学出版社，2017.

ISBN 978-7-5675-7251-5

Ⅰ.①风… Ⅱ.①朱… ②吉… ③包… Ⅲ.①学习方法—
儿童读物 Ⅳ.① G791-49

中国版本图书馆 CIP 数据核字（2017）第 304096 号

Il mio primo lapbook
by Giuditta and Ginevra Gottardi (www.laboratoriointerattivomanuale.com)
© 2016, BY EDIZIONI CENTRO STUDI ERICKSON S.p.A., TRENTO (ITALY)
Simplified Chinese Translation Copyright © 2018 by East China Normal University Press Ltd
All Rights reserved.
www.erickson.it
www.erickson.international

上海市版权局著作权合同登记 图字：09-2017-262 号

风靡全球的折叠大书学习法

著　　者　（意）朱迪塔·戈塔迪　吉尼芙拉·G. 戈塔迪
译　　者　包　晗
策划编辑　沈　岚
审读编辑　沈　岚　颜萍萍
责任校对　张　雪
装帧设计　卢晓红　宋学宏

出版发行　华东师范大学出版社
社　　址　上海市中山北路 3663 号　邮编 200062
网　　址　www.ecnupress.com.cn
电　　话　021-60821666　行政传真 021-62572105
客服电话　021-62865537　门市（邮购）电话 021-62869887
地　　址　上海市中山北路 3663 号华东师范大学校内先锋路口
网　　店　http://hdsdcbs.tmall.com

印　刷　者　上海盛通时代印刷有限公司
开　　本　787×1092　16 开
印　　张　9.75
字　　数　147 千字
版　　次　2018 年 4 月第 1 版
印　　次　2018 年 4 月第 1 次
书　　号　ISBN 978-7-5675-7251-5/G·10814
定　　价　59.00 元
出　版　人　王　焰

（如发现本版图书有印订质量问题，请寄回本社客服中心调换或电话 021-62865537 联系）

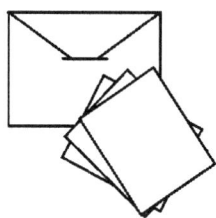

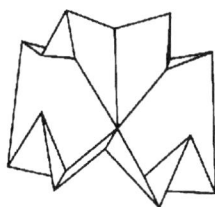

风靡全球的折叠大书学习法

【意】朱迪塔·戈塔迪

吉尼芙拉·G·戈塔迪 著

包晗 译

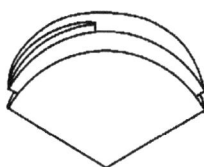

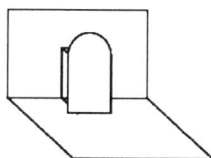

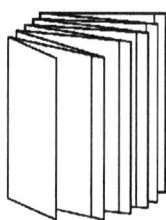

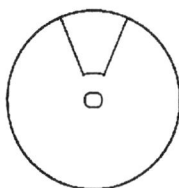

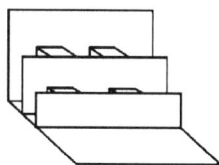

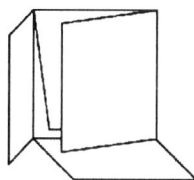

模板集

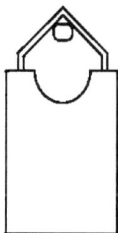

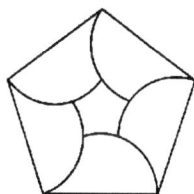

华东师范大学出版社

计 划 表

A

大书标题: _____

主题: _____

_____

制作者: _____

文件夹	样式: _____ _____ 颜色: _____ _____ _____	模板 _____
1	_____ _____ _____ _____ _____	模板 _____
迷你书的内容 **2**	_____ _____ _____ _____ _____	模板 _____
3	_____ _____ _____ _____	模板 _____

Ⓑ

大书标题: _____

制作者: _____

迷你书的内容

_____
_____
_____
_____

_____

模板 _____

_____
_____

_____

_____

模板 _____

_____
_____

_____

_____

模板 _____

_____

_____

_____

模板 _____

样式图案

文 件 夹

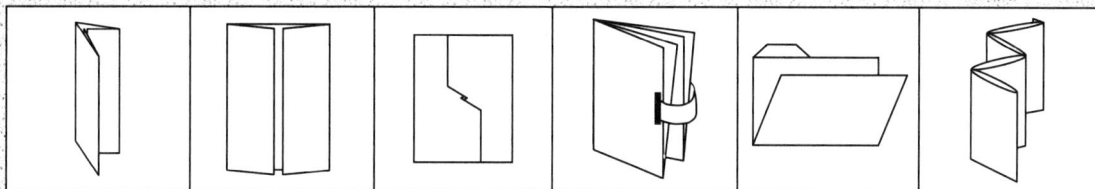

迷 你 书

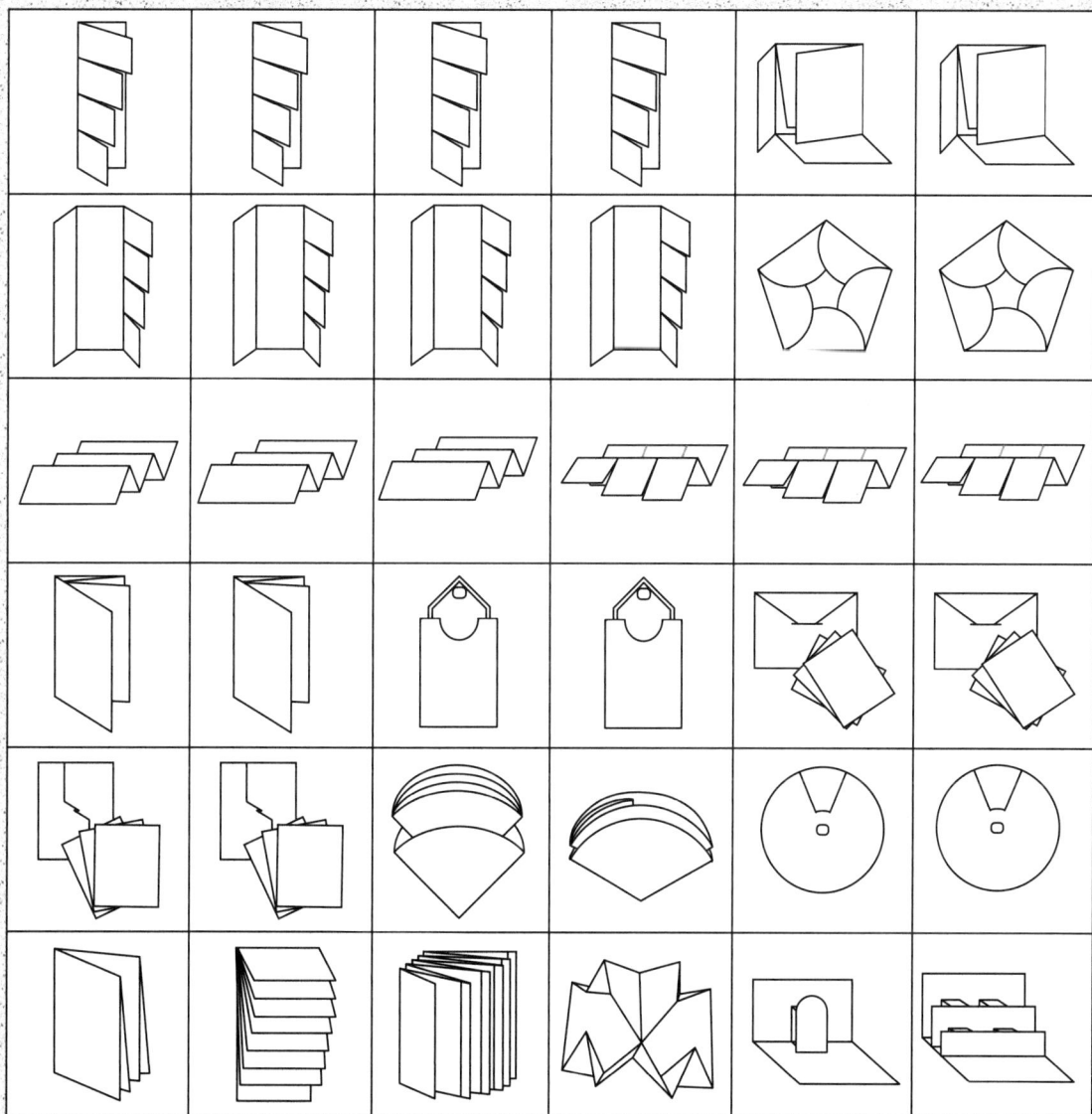

经典型文件夹

完全展开

前两页

封　面

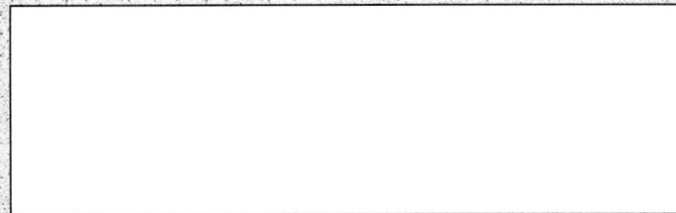

大书型文件夹

完全展开

封面

完全展开

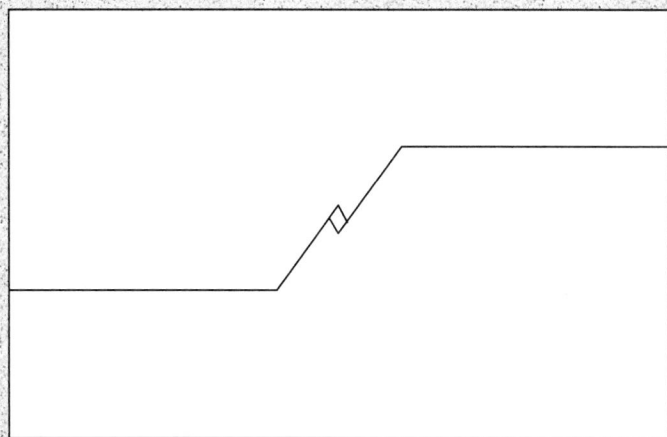

封面

迷你主题型文件夹

F

迷你书型文件夹

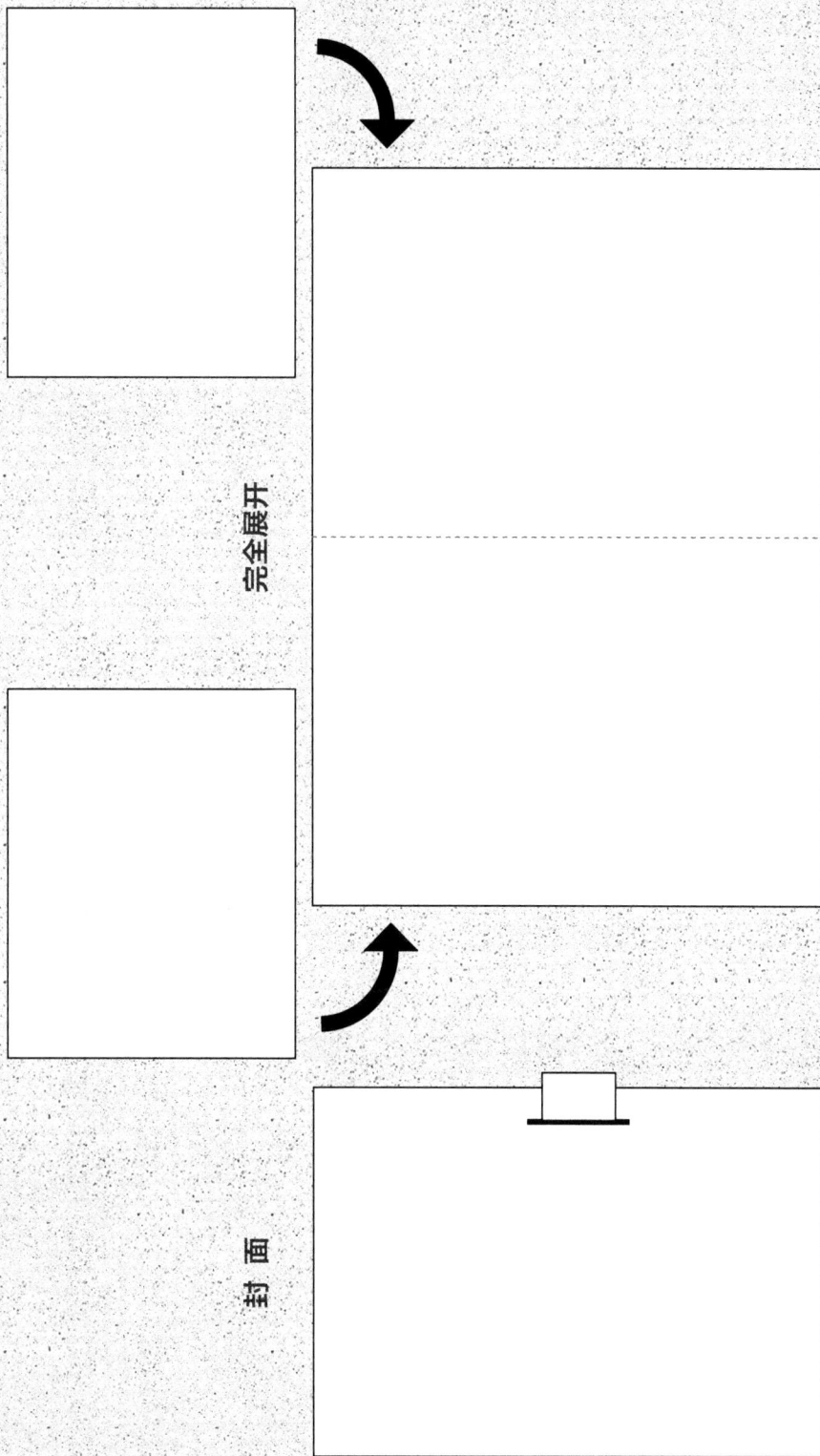

完全展开

封 面

文件袋型文件夹

完全展开

封　面

H

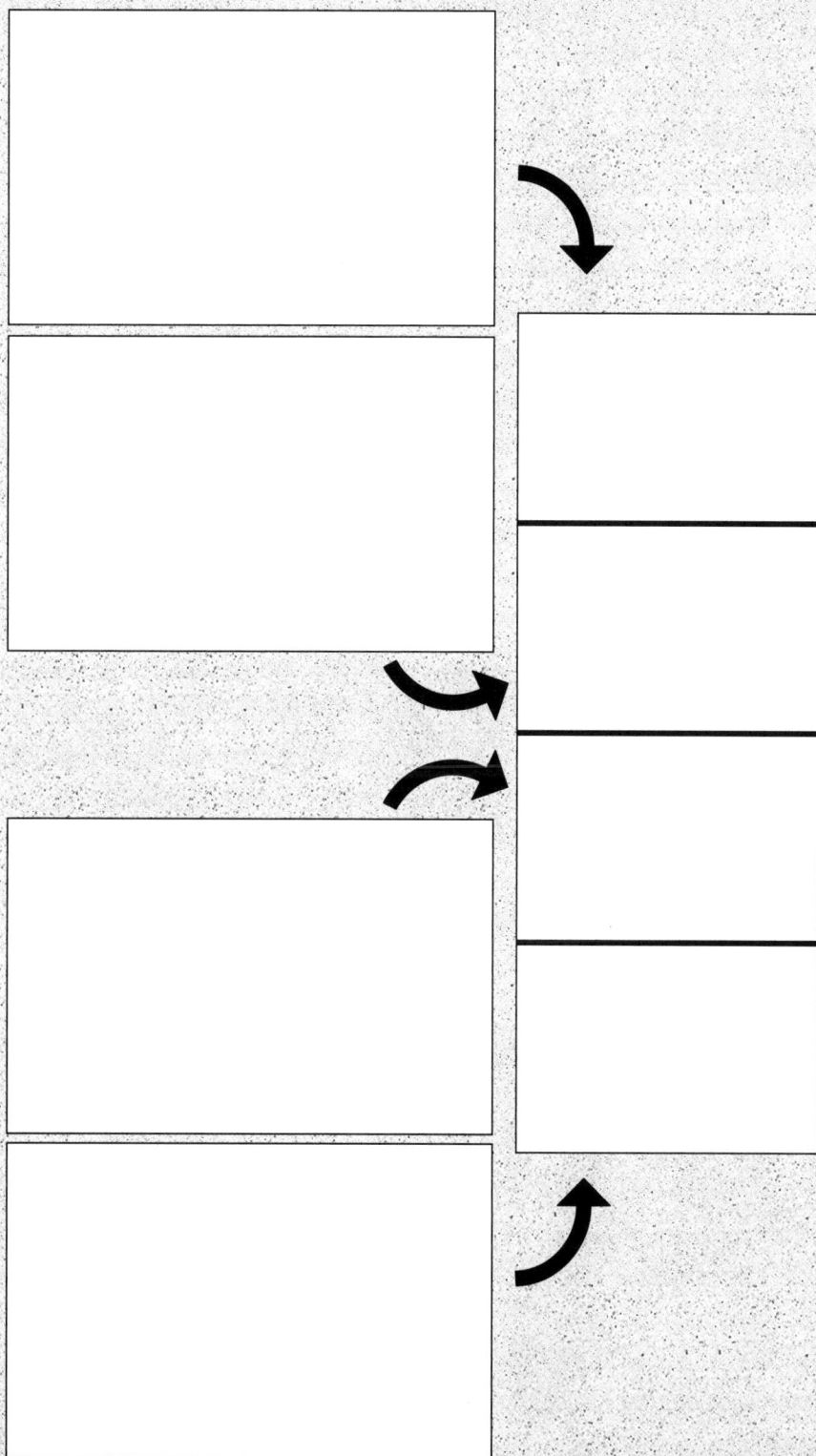

❶

小组使用的模板

模板	组1	组1	组1	组1	组1	总计
1						
2						
3						
4						
5						
6						
7						
8						
9						
10						
11						
12						
13						
14						
15						
16						
17						
18						
19						
20						
21						
22						
23						
24						
25						
26						
27						
28						
29						
30						
31						
32						
33						
34						
35						
36						
36						
38						
39						
40						
41						
42						
43						
44						
45						
46						
47						
48-49						
50-51-52-53						
54-55						
56						
57-58-59						
60						
61						
62						
63						

单人使用的模板

模板																		总计
1																		
2																		
3																		
4																		
5																		
6																		
7																		
8																		
9																		
10																		
11																		
12																		
13																		
14																		
15																		
16																		
17																		
18																		
19																		
20																		
21																		
22																		
23																		
24																		
25																		
26																		
27																		
28																		
29																		
30																		
31																		
32																		
33																		
34																		
35																		
36																		
36																		
38																		
39																		
40																		
41																		
42																		
43																		
44																		
45																		
46																		
47																		
48-49																		
50-51-52-53																		
54-55																		
56																		
57-58-59																		
60																		
61																		
62																		
63																		

自我评估表 **L**

小组/个人：＿＿＿＿＿＿＿＿＿＿＿＿＿＿＿＿＿＿＿＿＿＿＿＿＿

每一项打分范围是1~10分

评估标准	小组/个人评价	教师评价
计划表的使用		
文件夹样式的选择		
单本迷你书的选择（样式和内容）		
迷你书的组织逻辑		
空间利用安排		
字体的选择		
颜色的选择		
文本概述和插画		
小组内部的任务分工		
做任务时的自主性		
总分		
平均分		

所有小组的评估汇总表 **M**

每一项打分范围是1~10分

评估标准	组1	组2	组3	组4	组5	组6	组7	组8	组9	组10
计划表的使用										
文件夹样式的选择										
单本迷你书的选择（样式和内容）										
迷你书的组织逻辑										
空间利用安排										
字体的选择										
颜色的选择										
文本概述和插画										
小组内部的任务分工										
做任务时的自主性										
总分										
平均分										

文件袋型文件夹

收纳袋型文件夹

W6

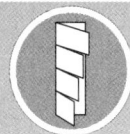
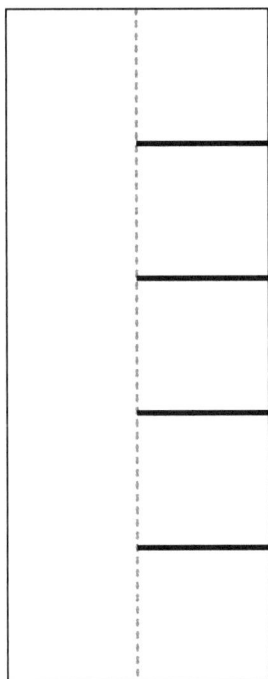

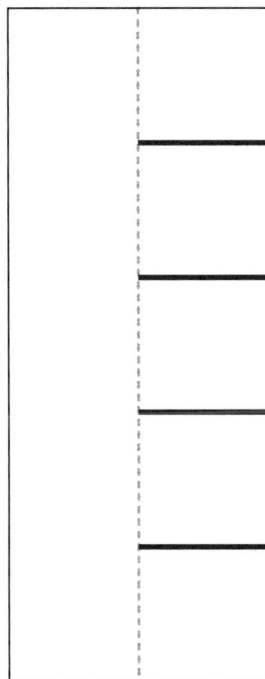

a

b

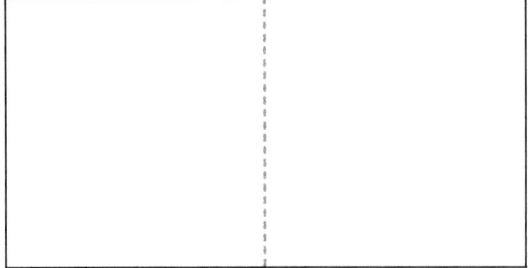

d

c

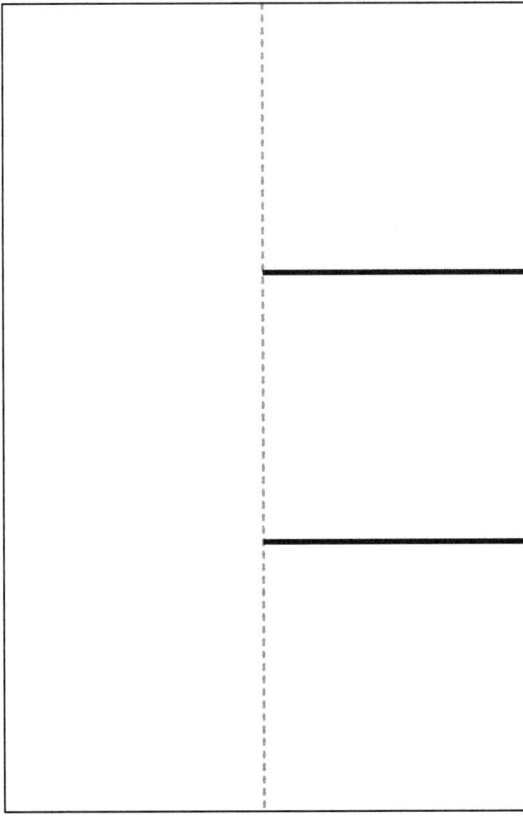

a

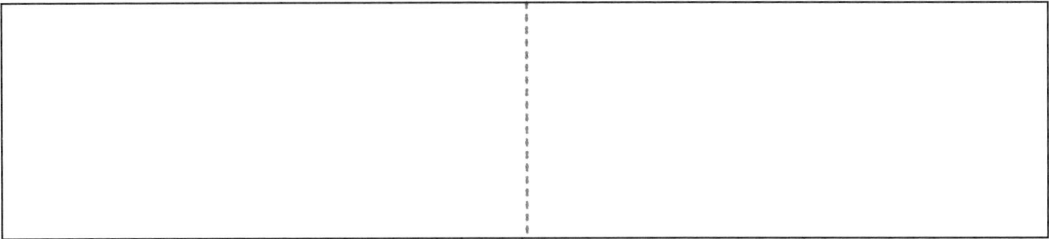

b

c

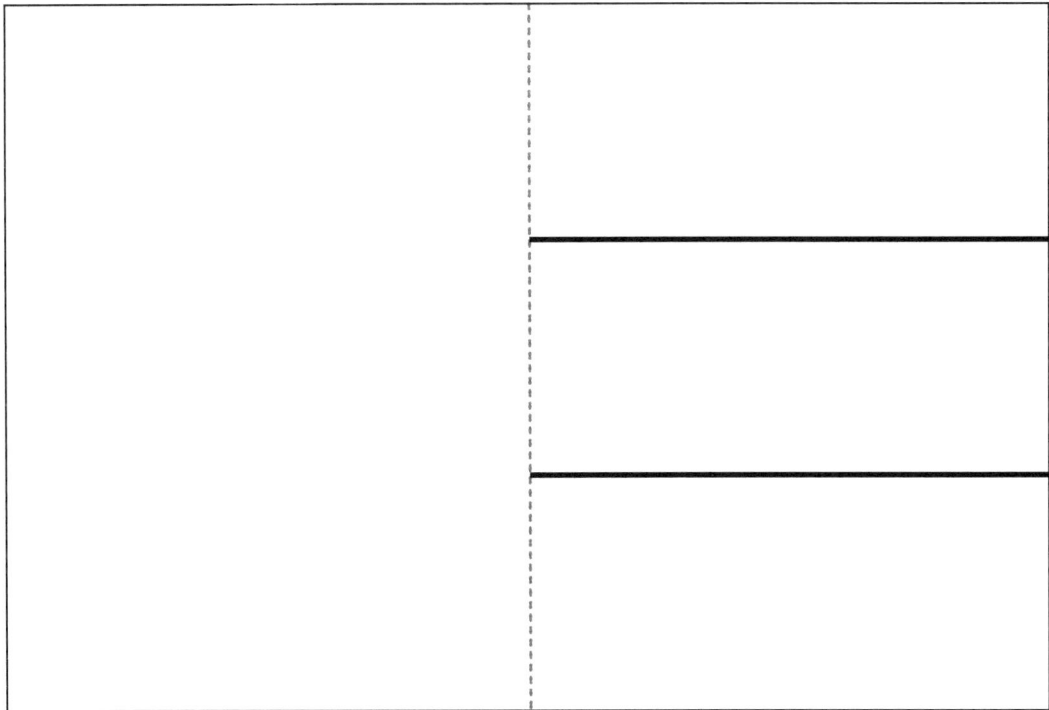

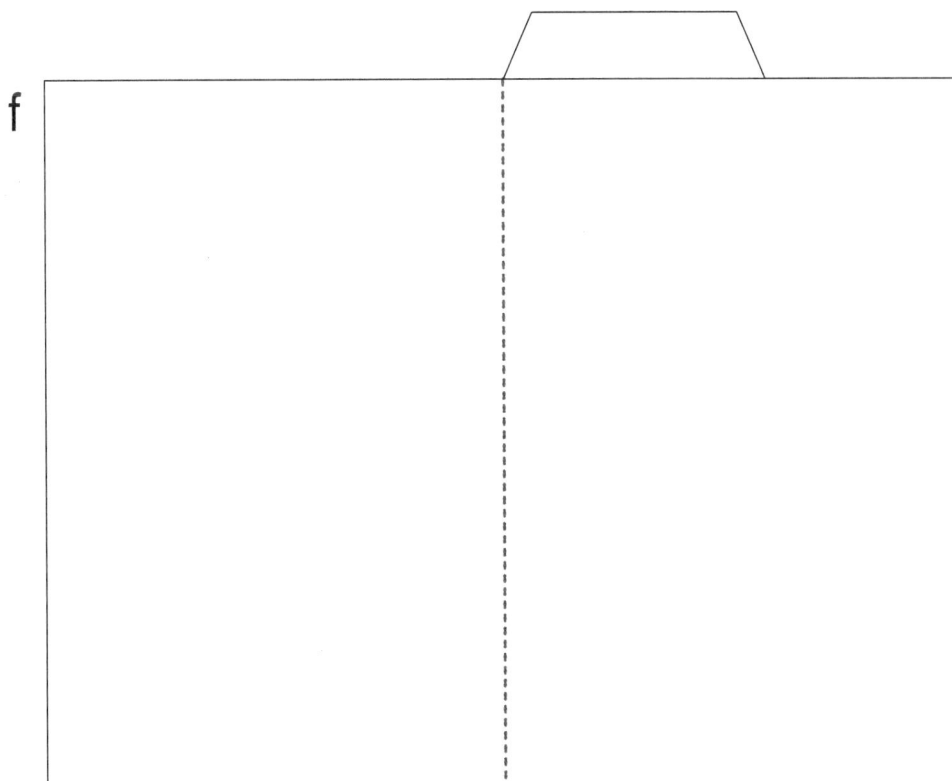

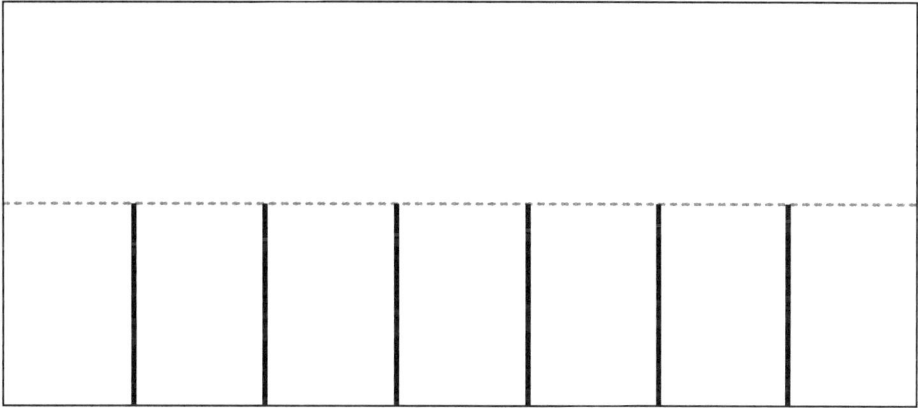

a

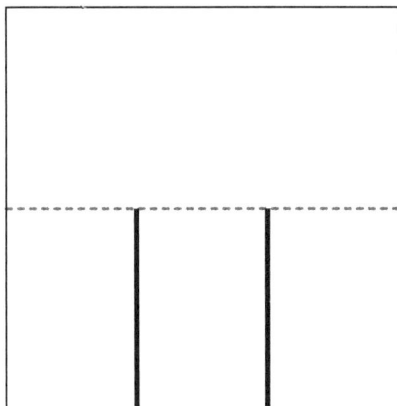

b

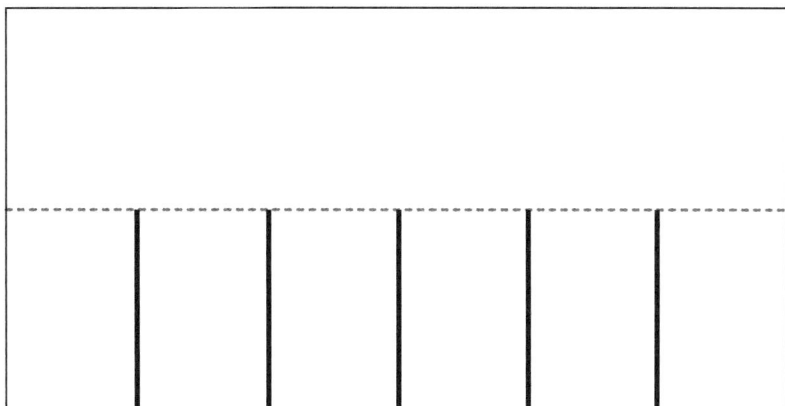

c

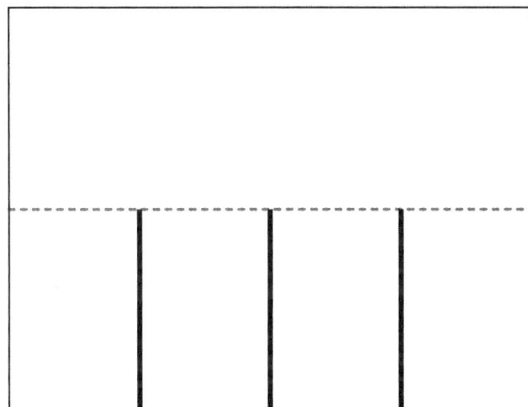

d

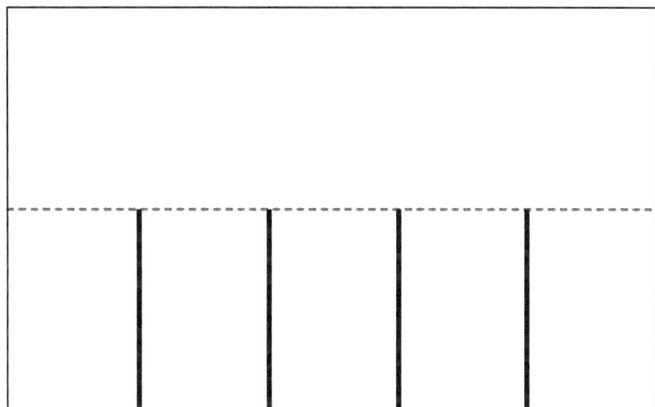

e

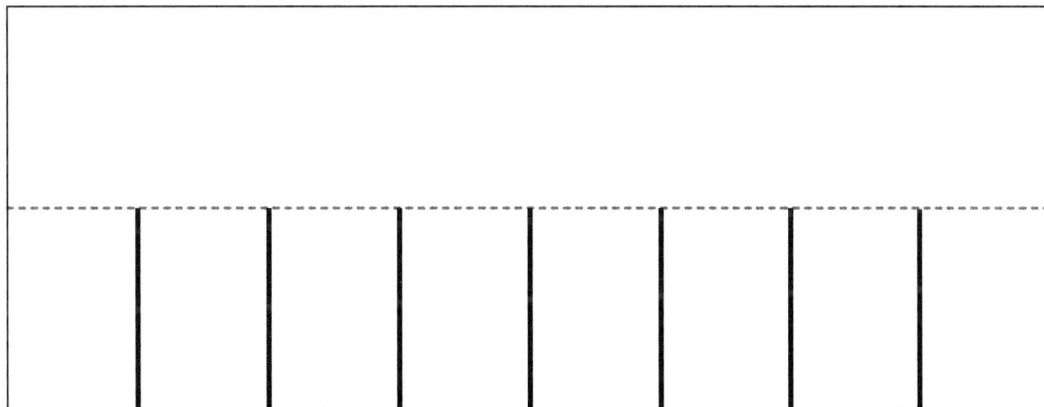

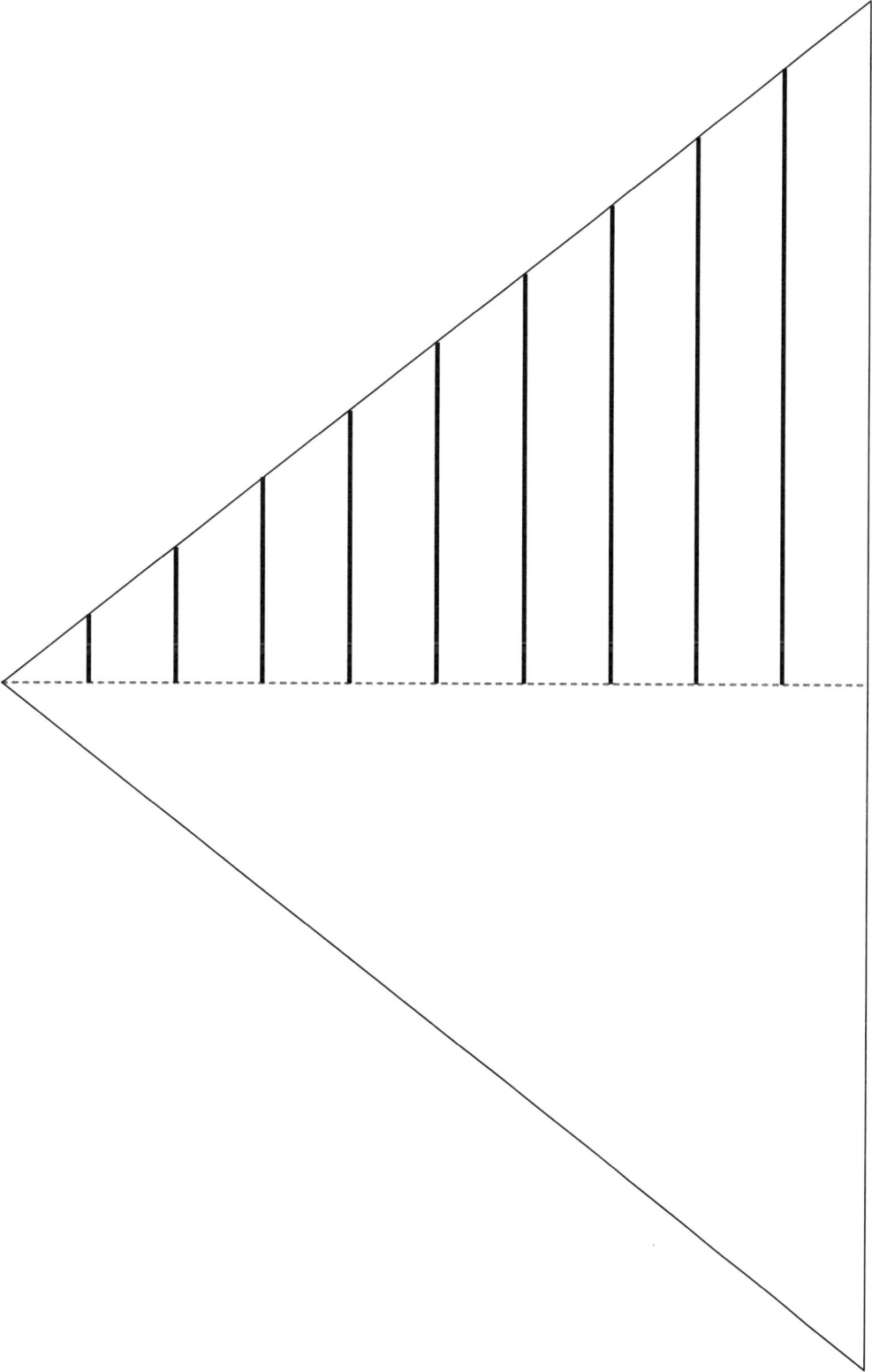

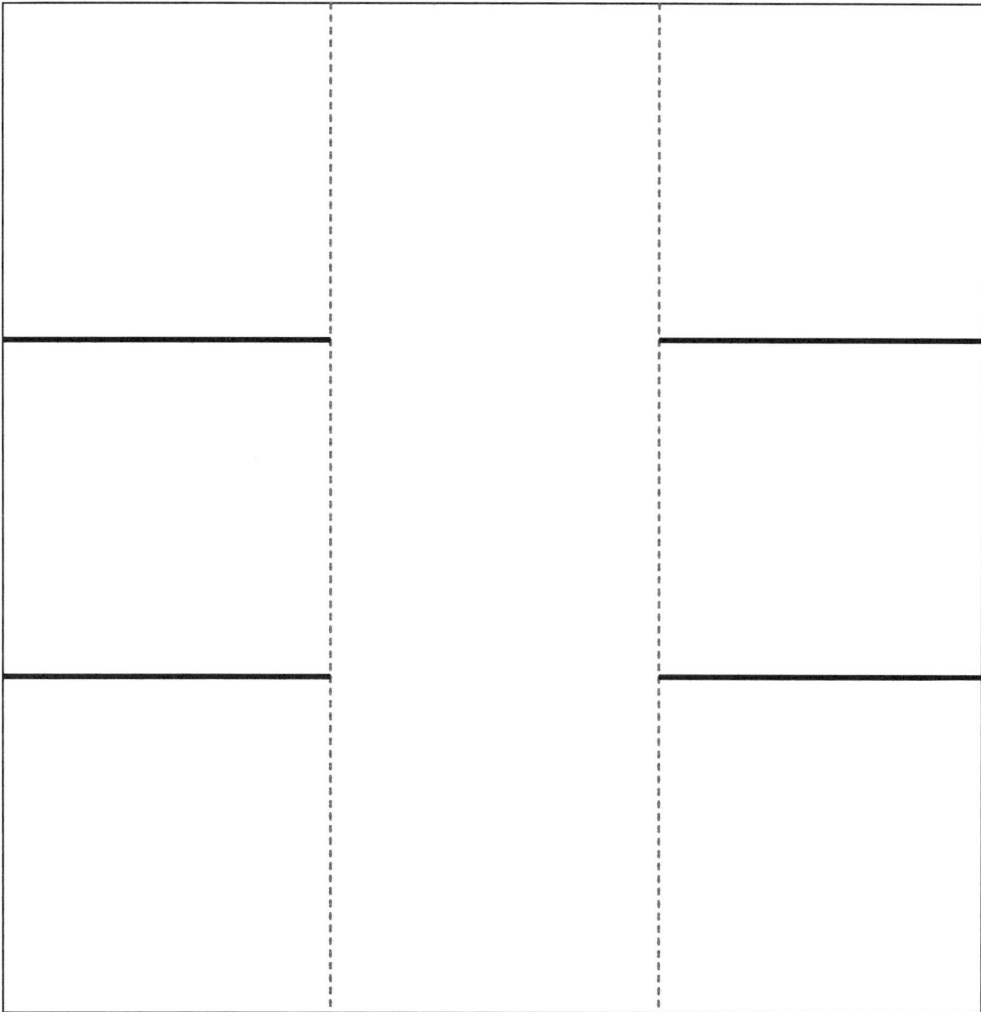

a
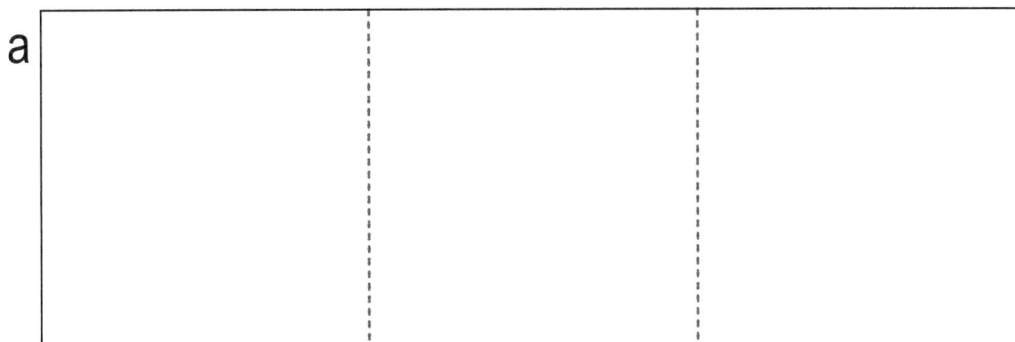

b

c

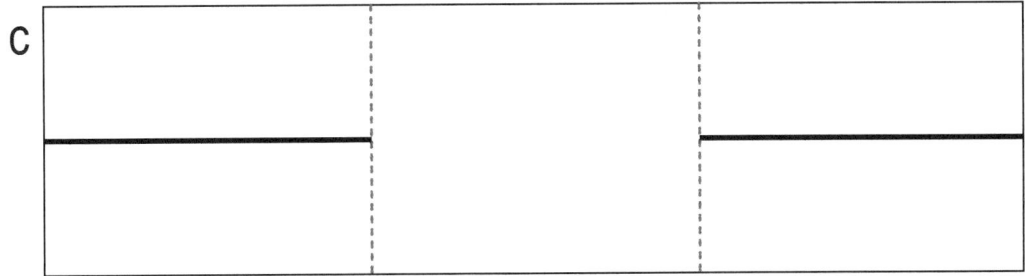

d

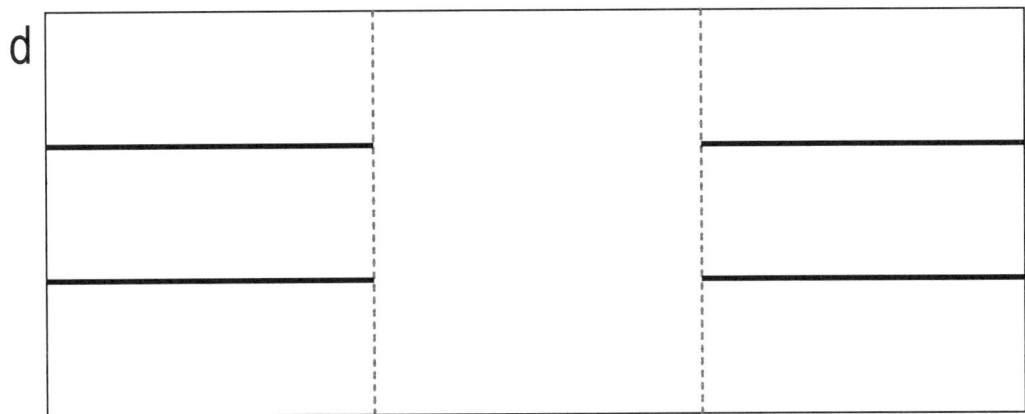

e

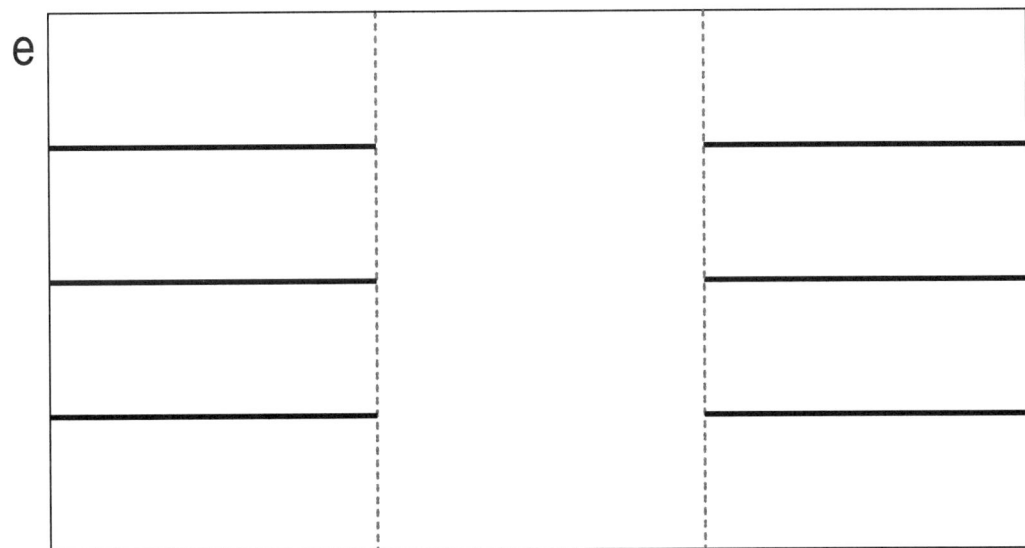

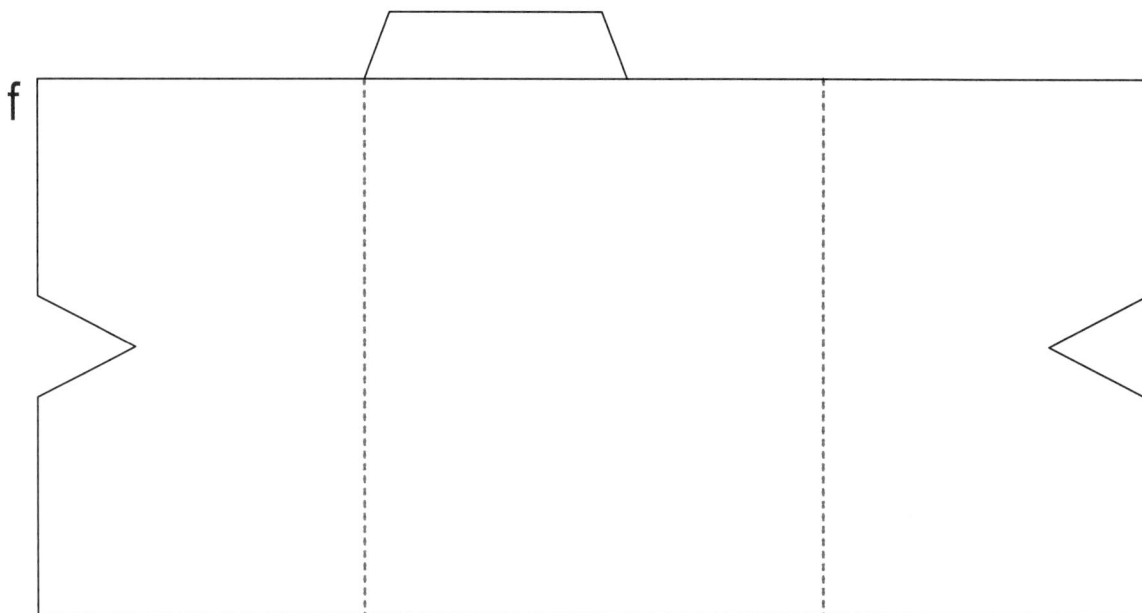

f

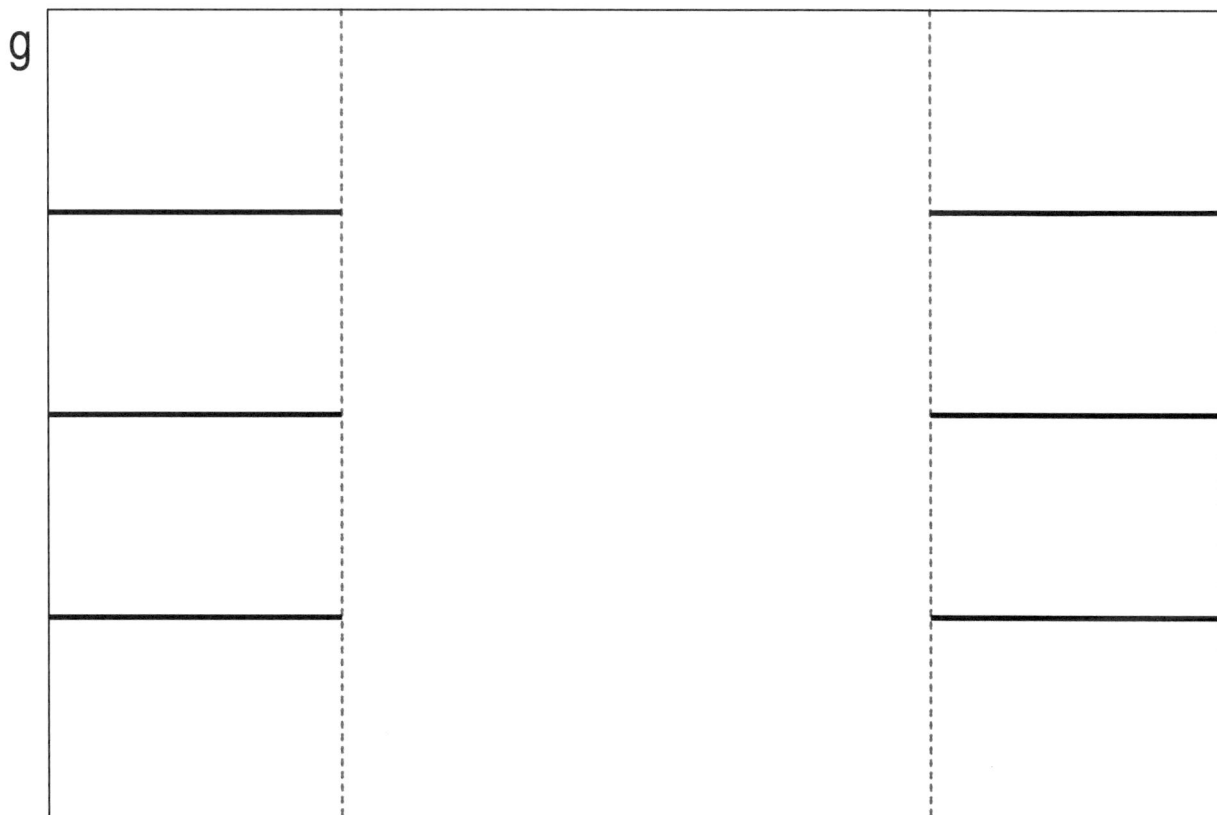

g

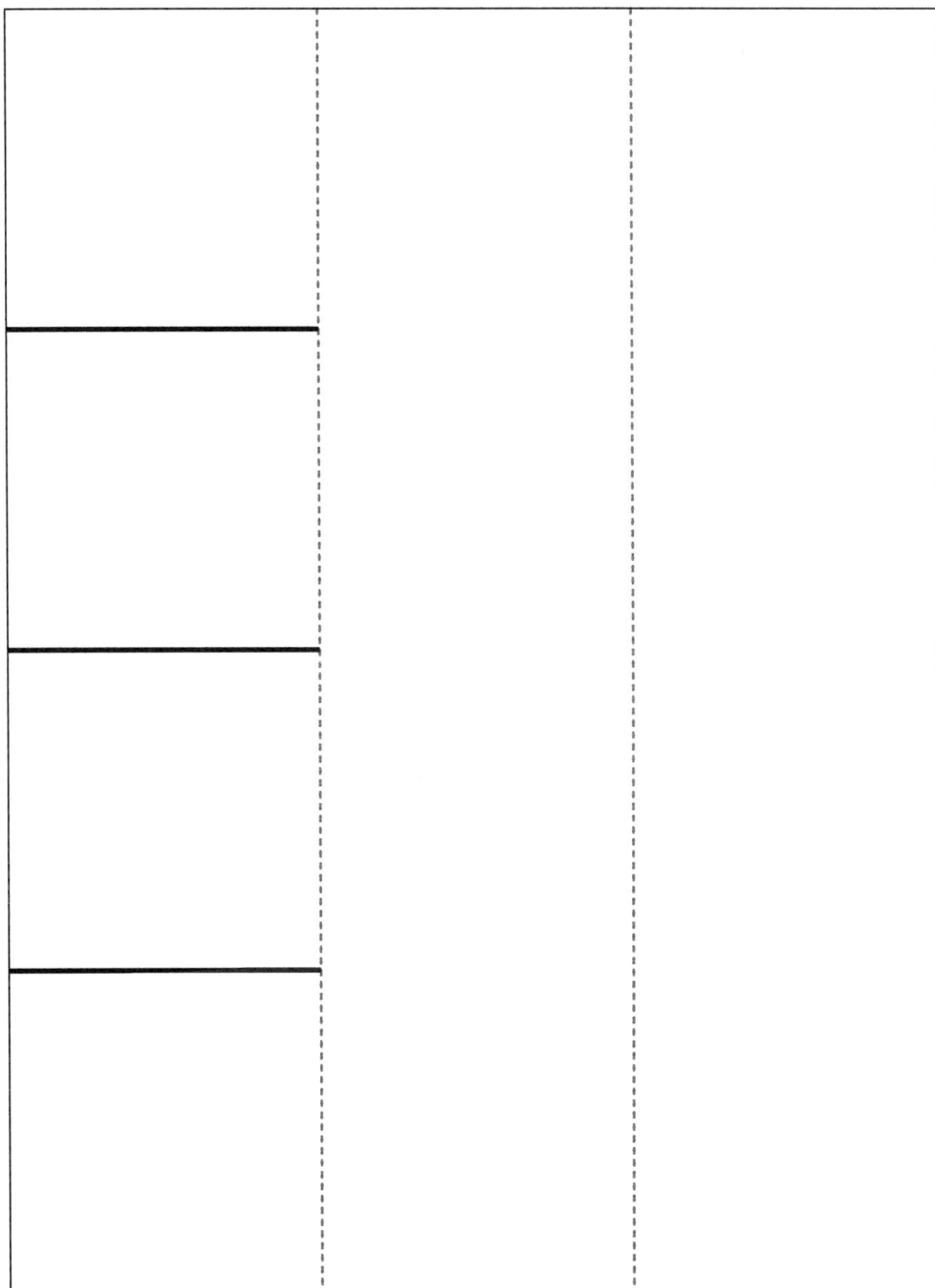

a

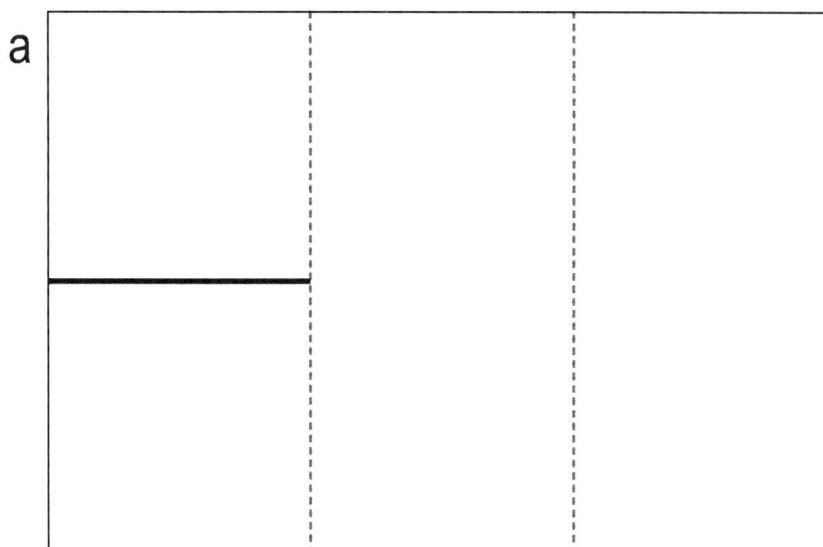

b

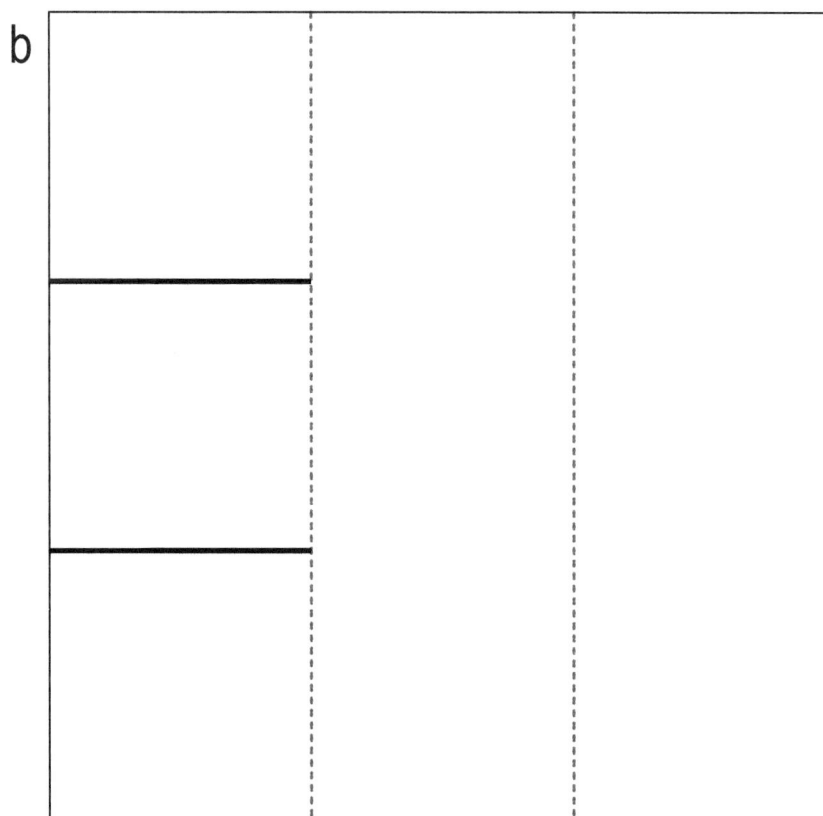

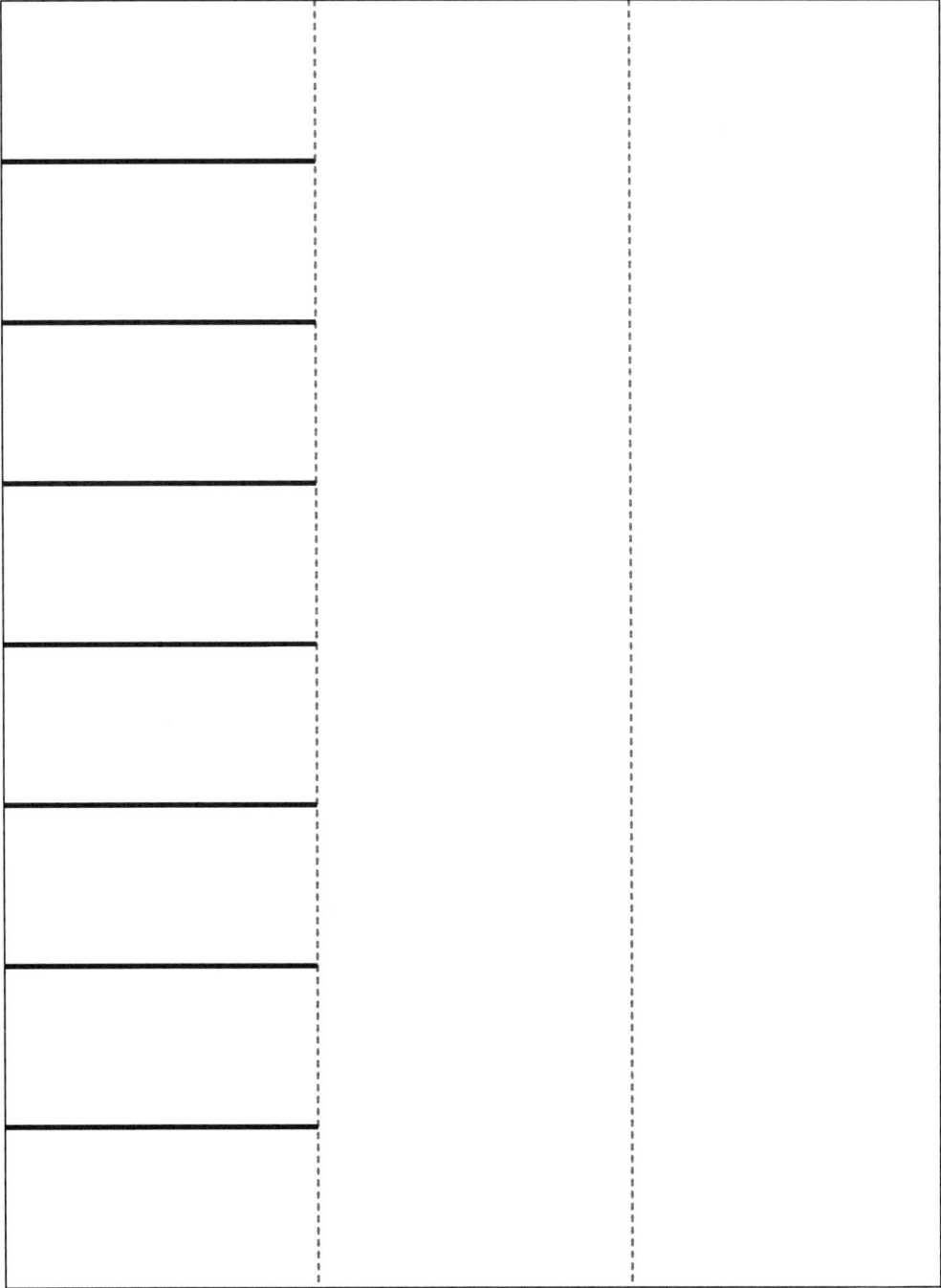

C

a

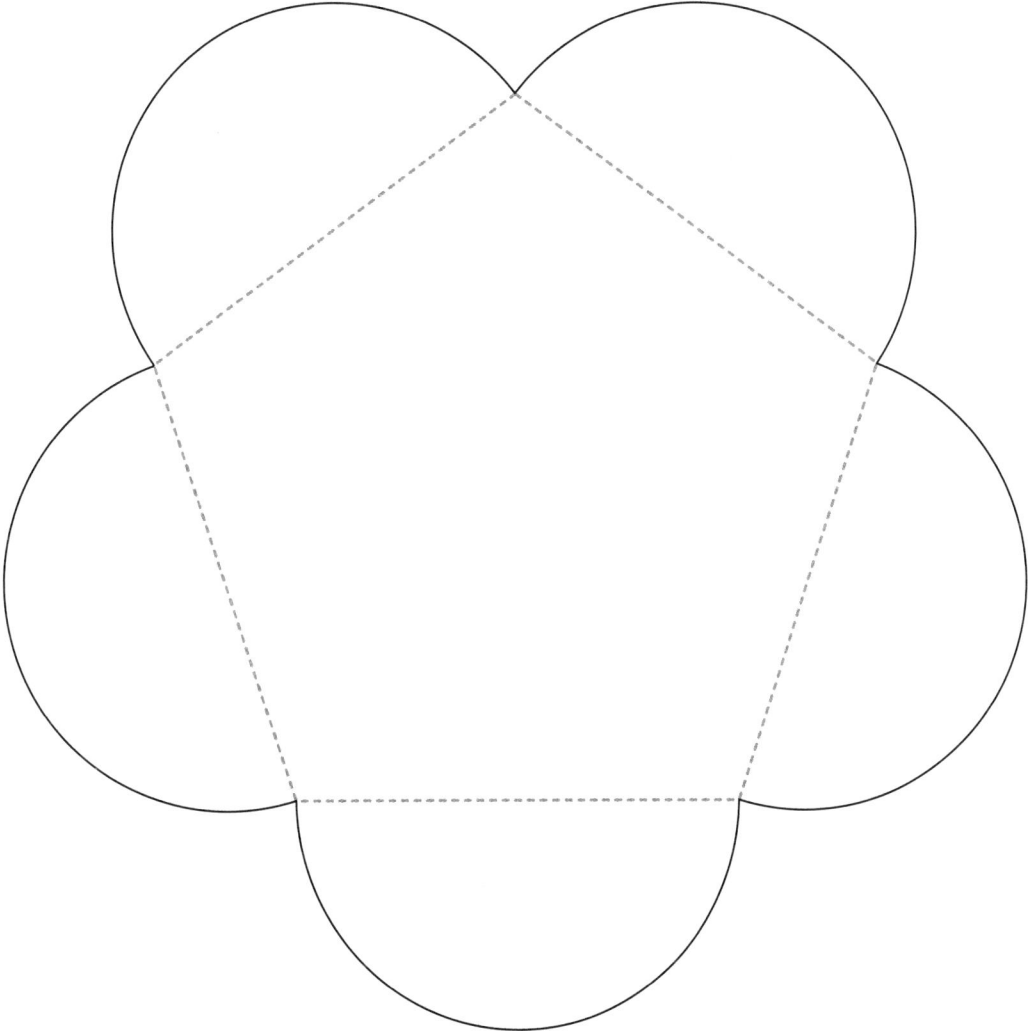

a

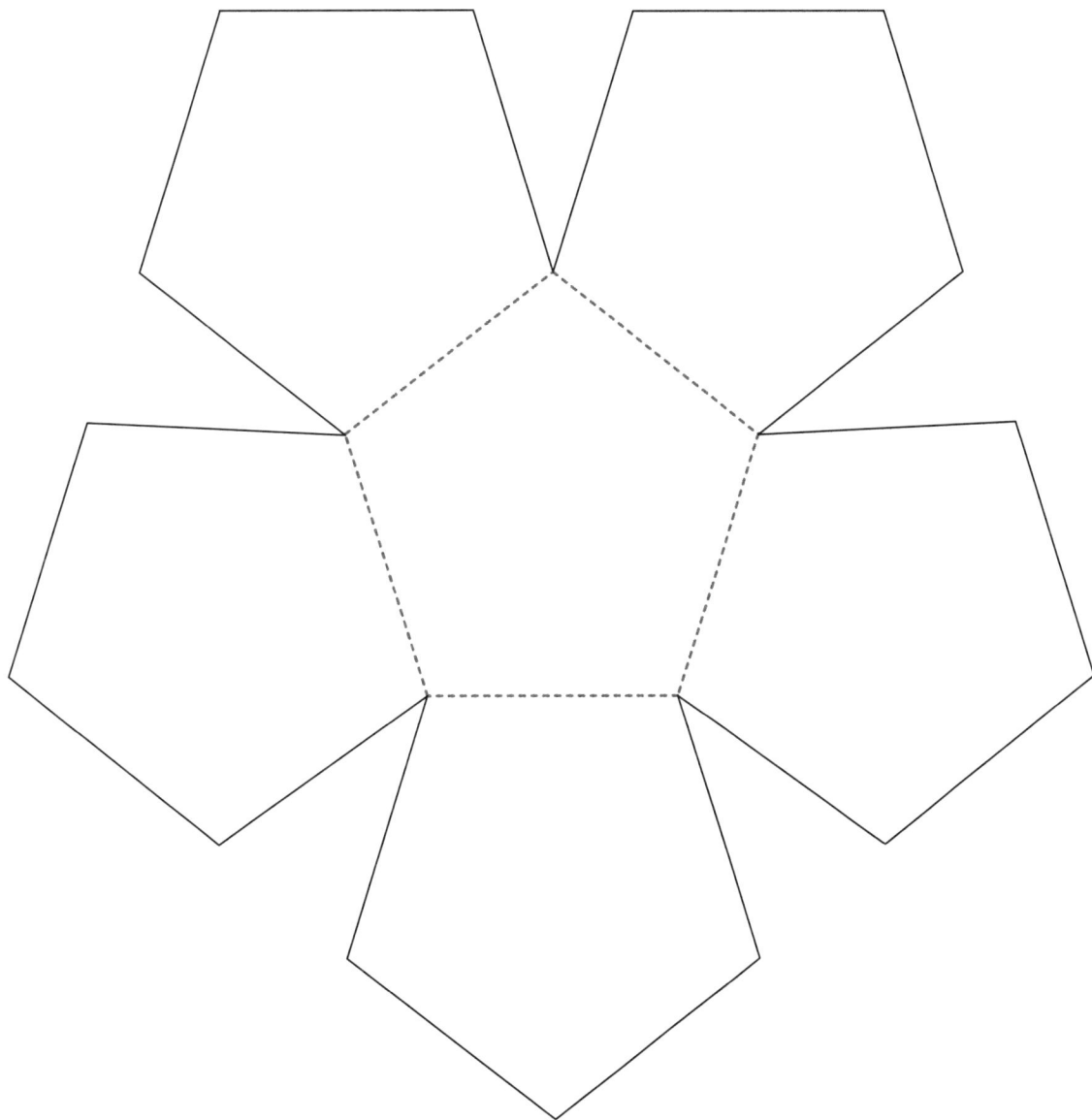

b

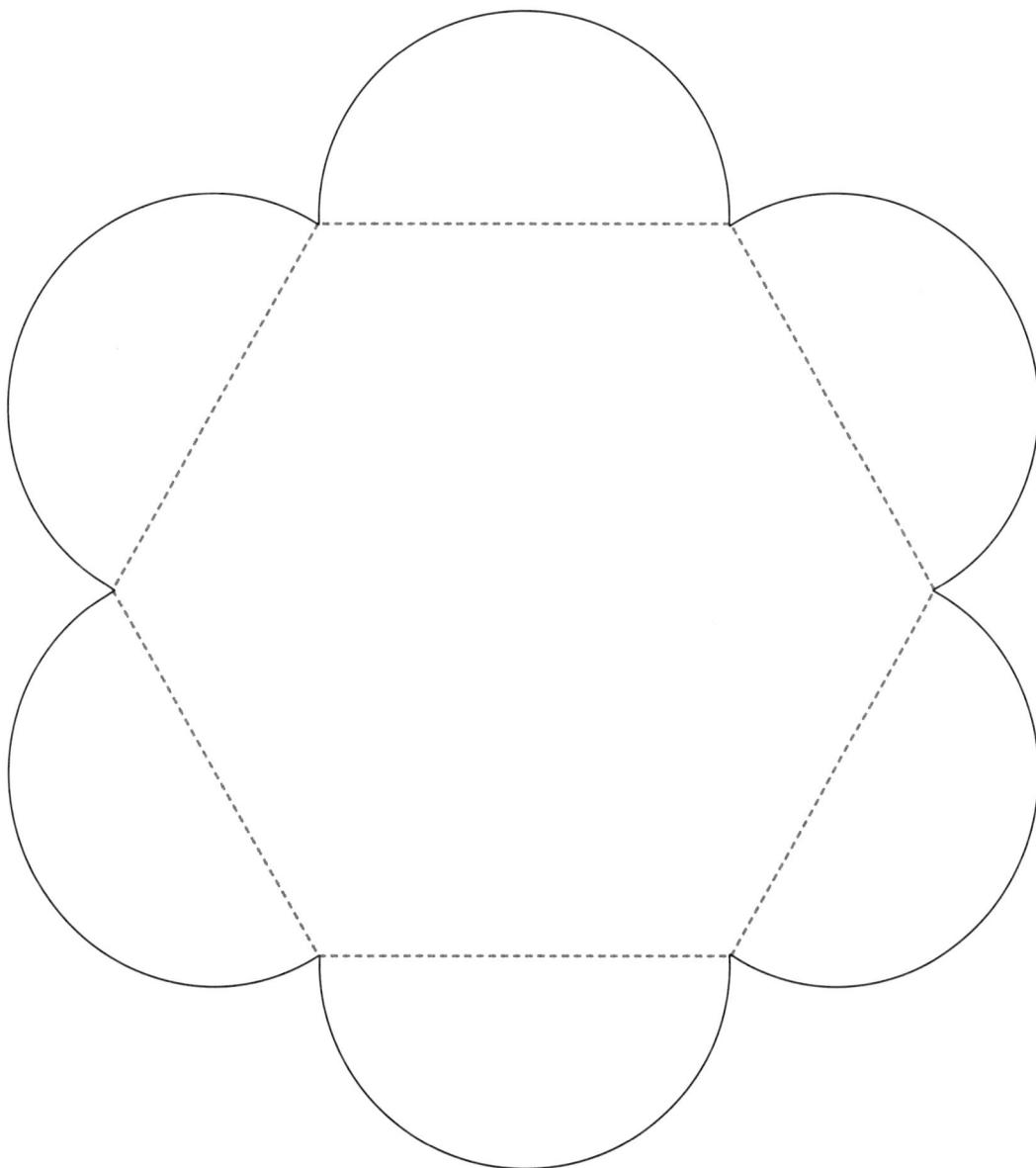

C

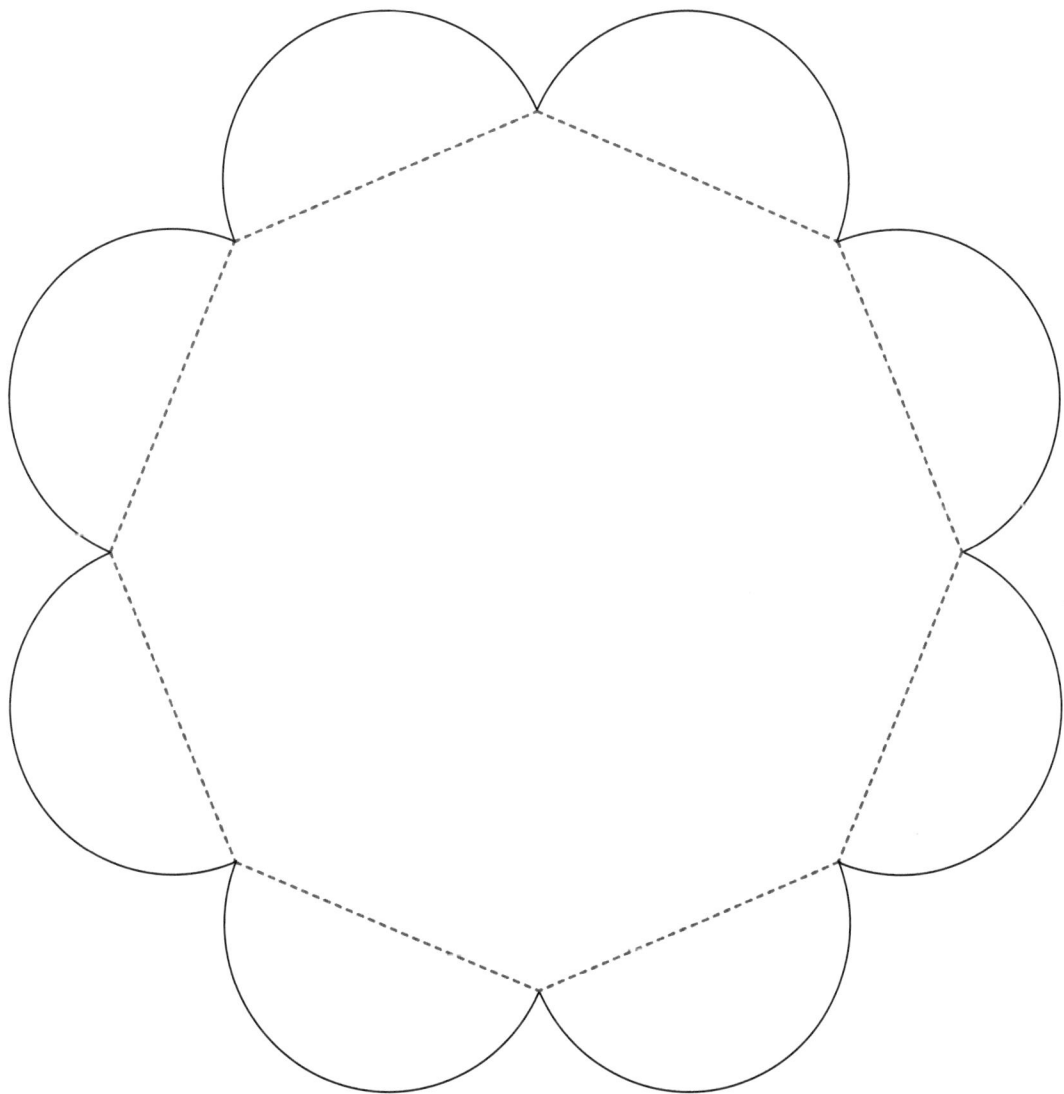

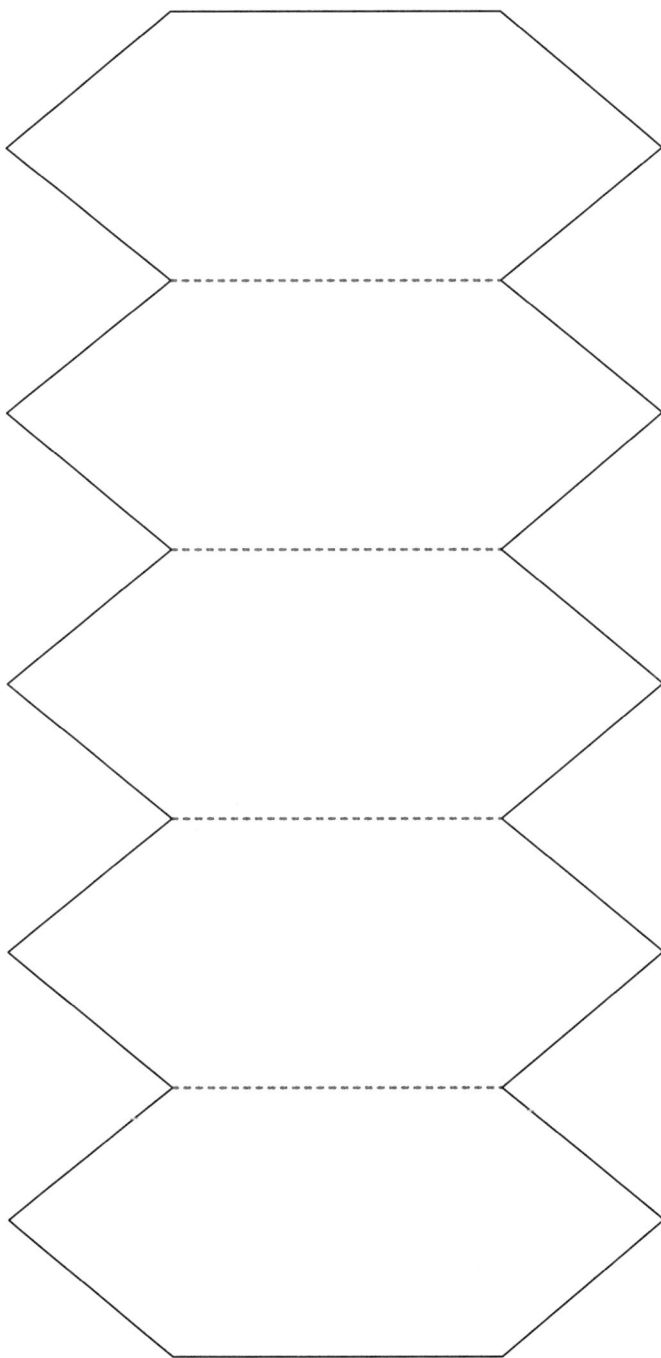

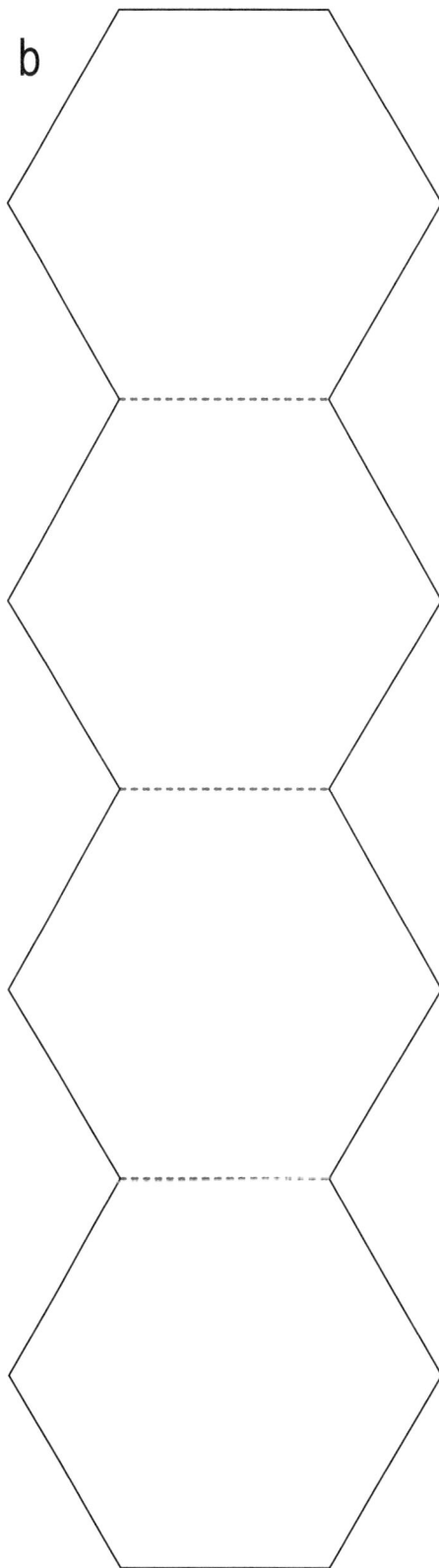

a

b

c

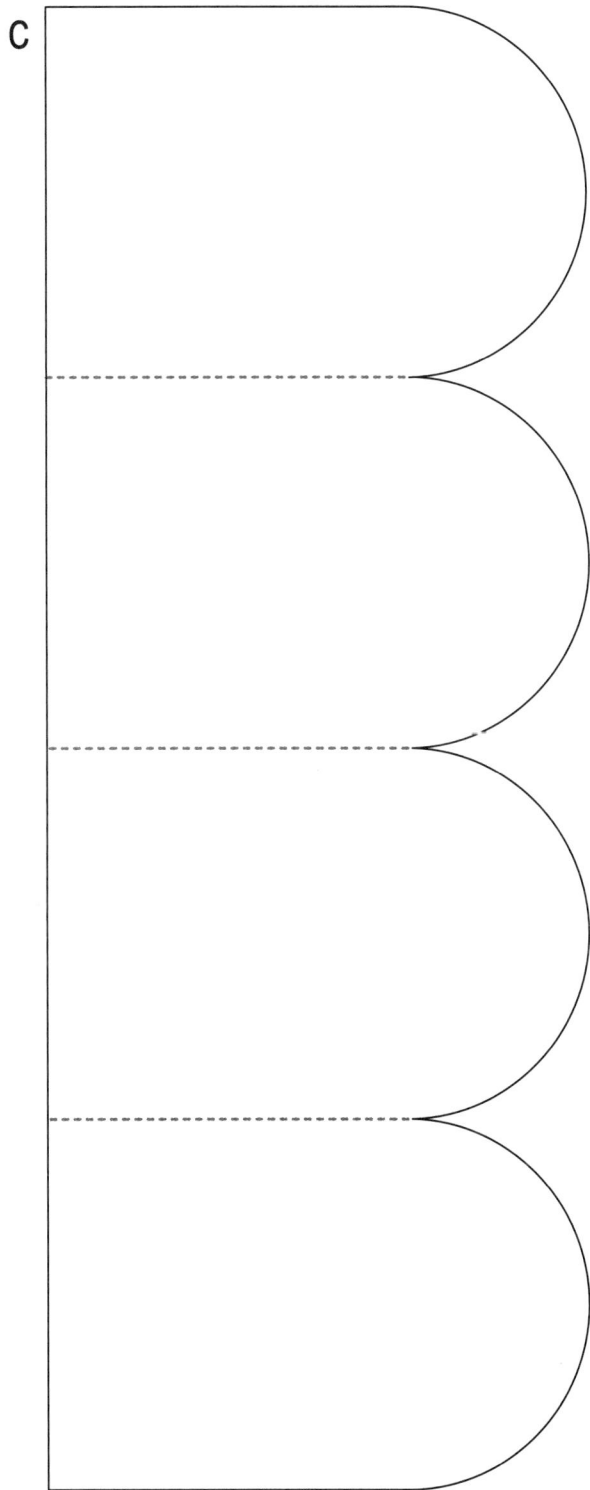

d

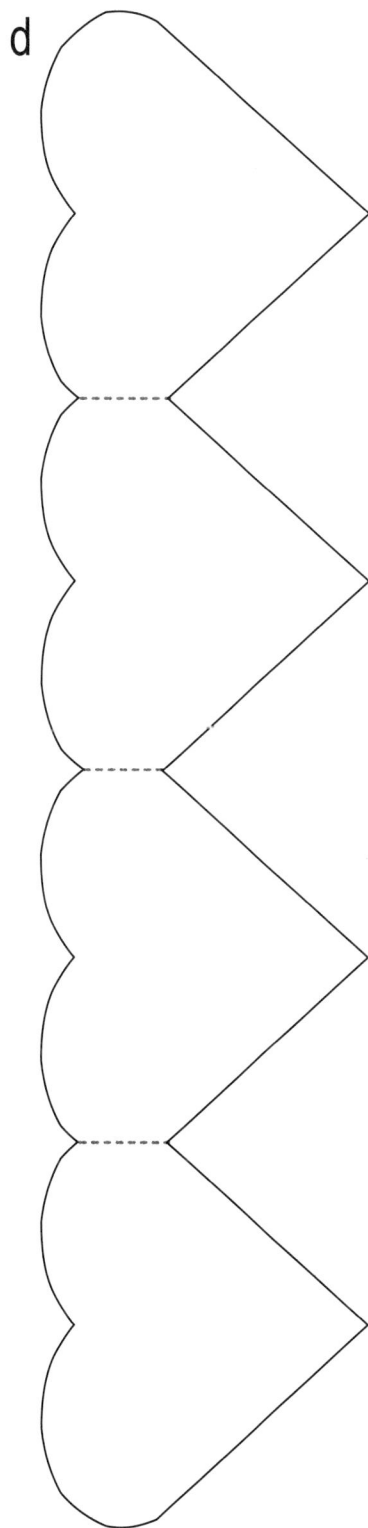

a

b

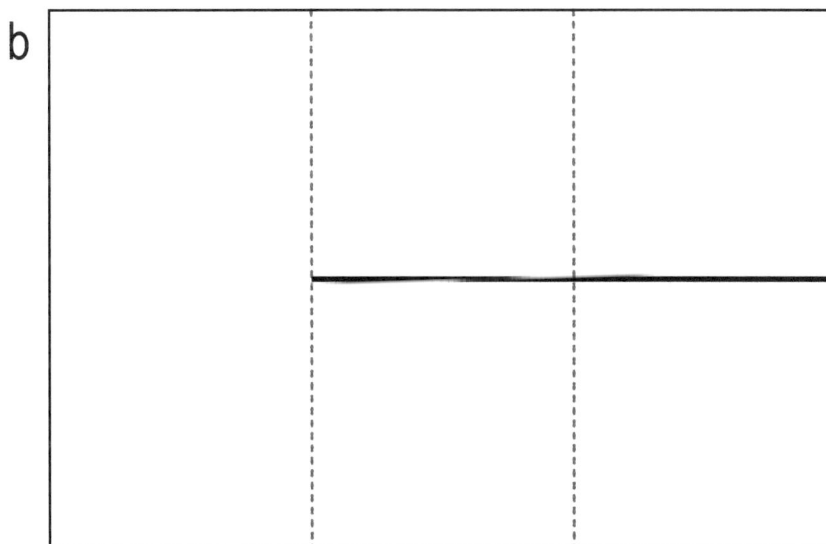

SFQ 3

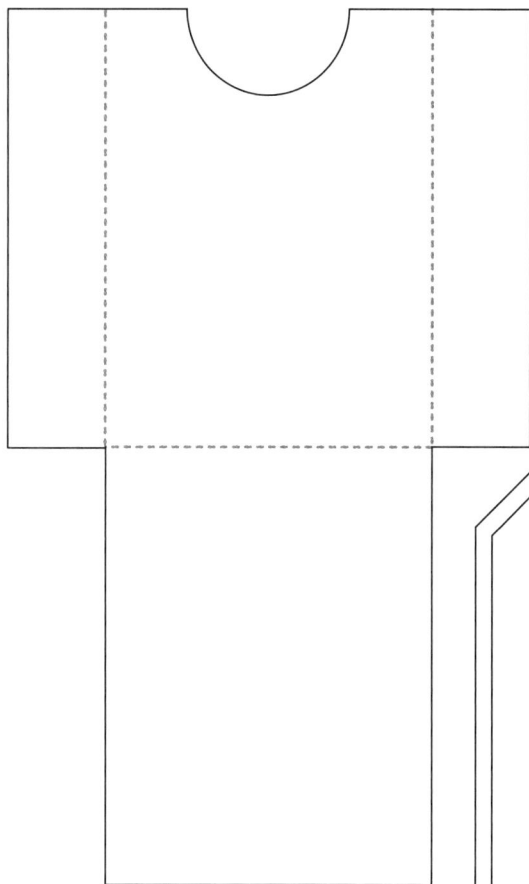

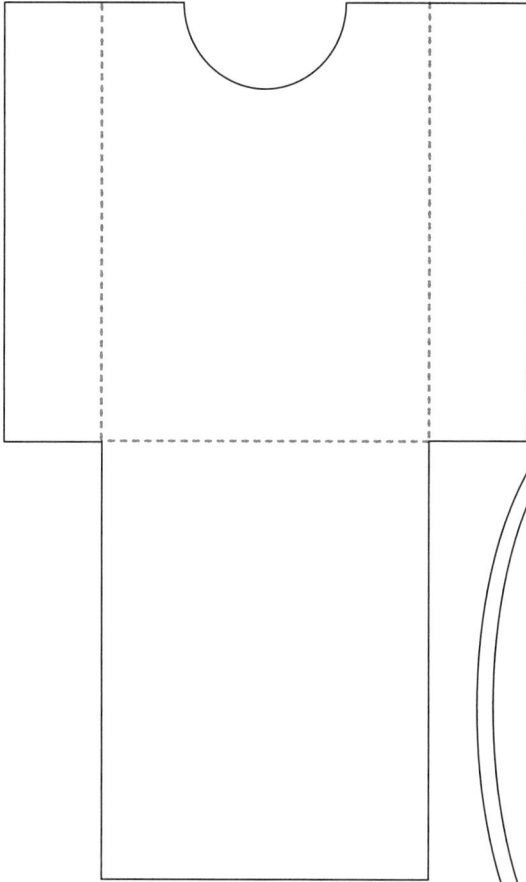

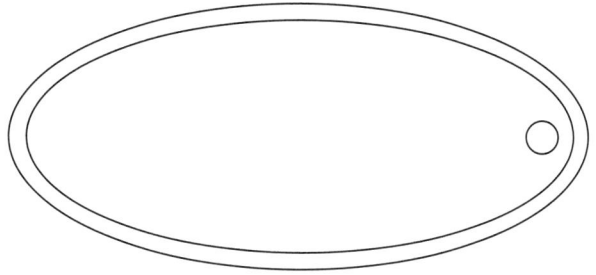

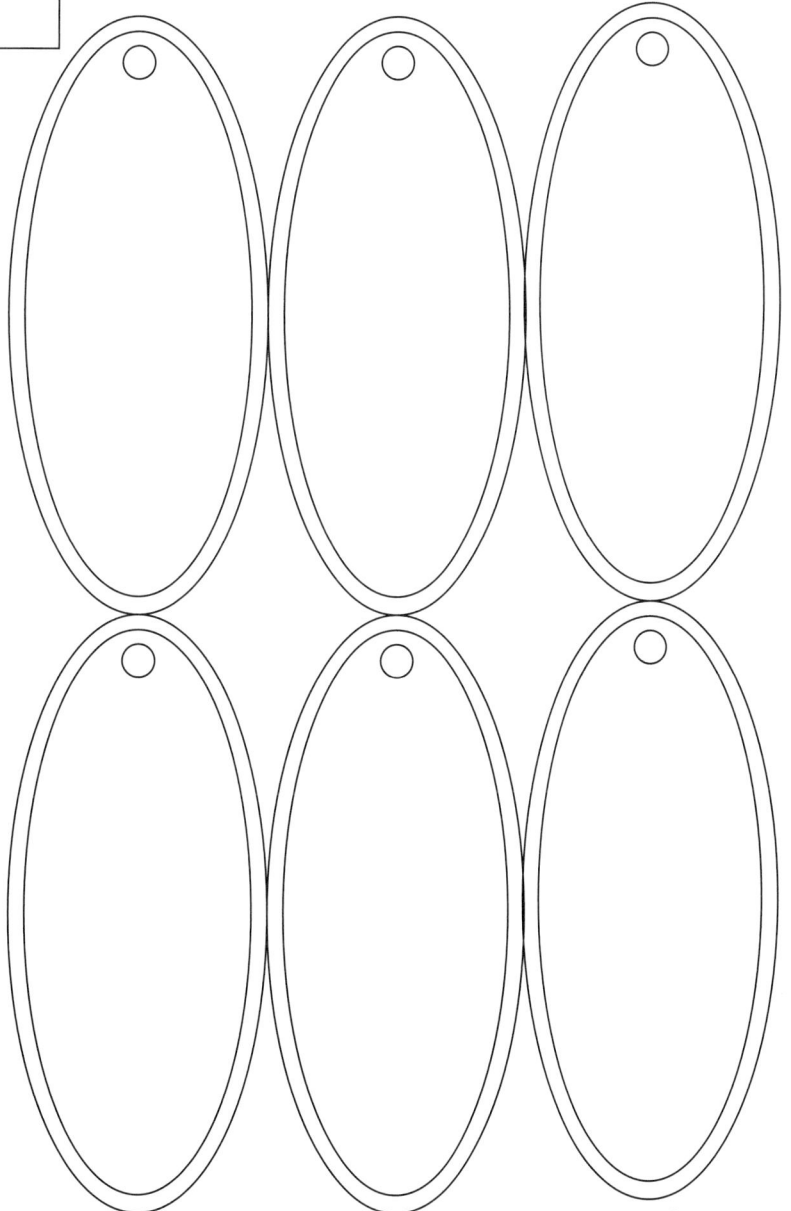

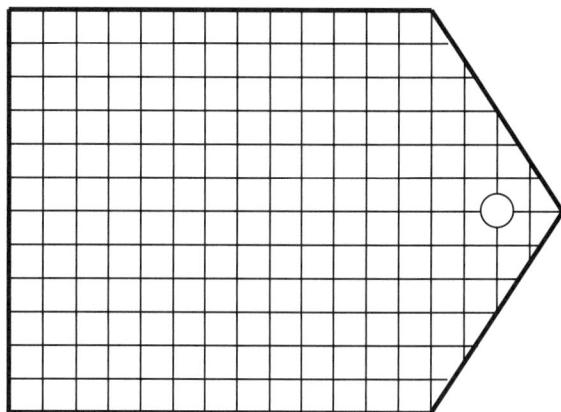

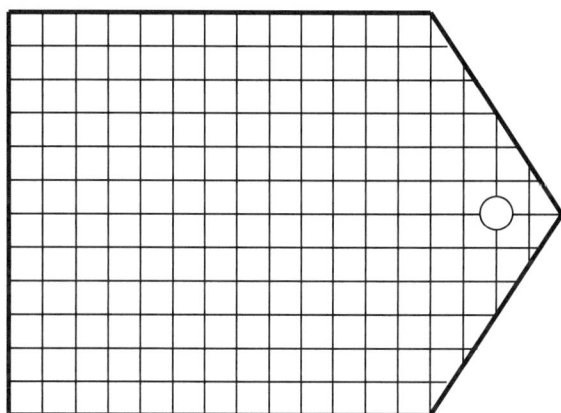

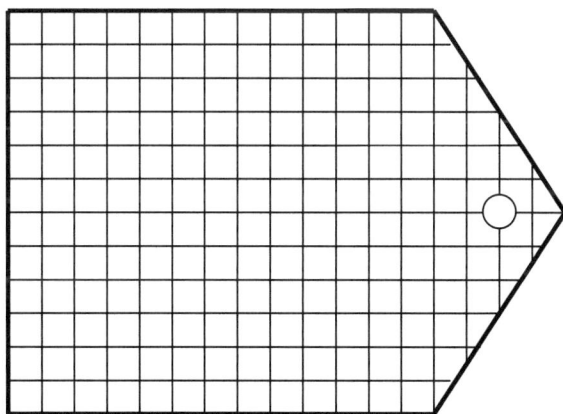

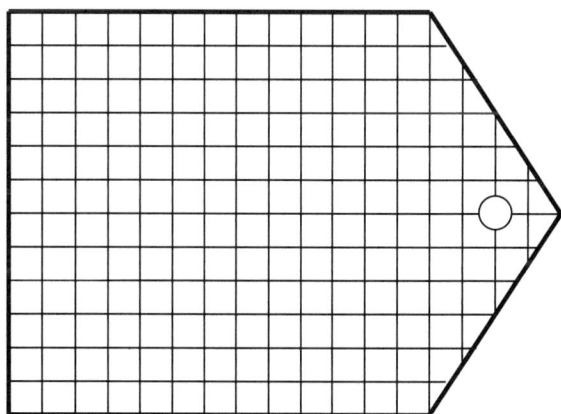

KD
2

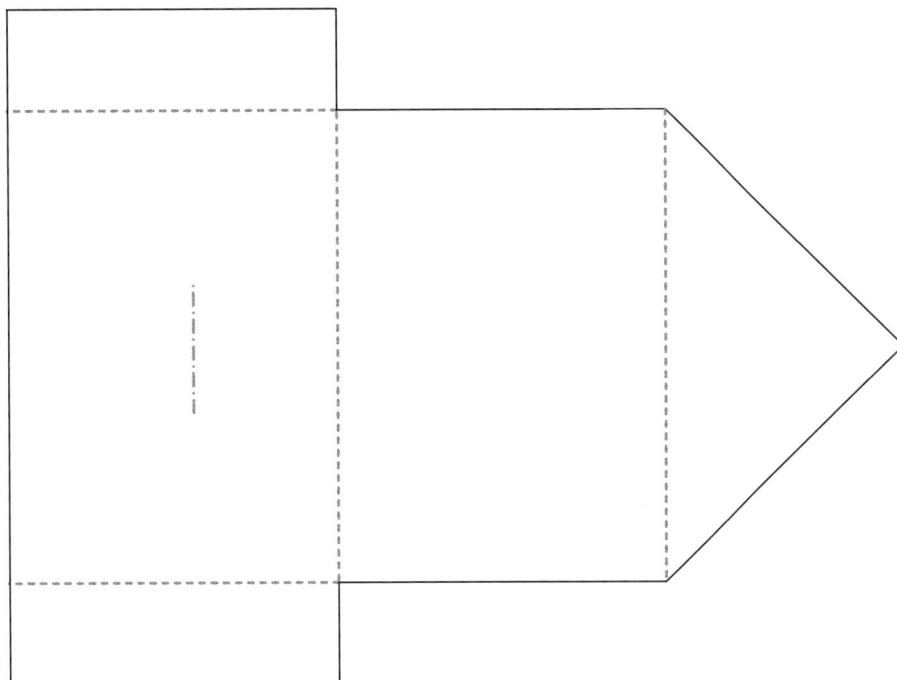

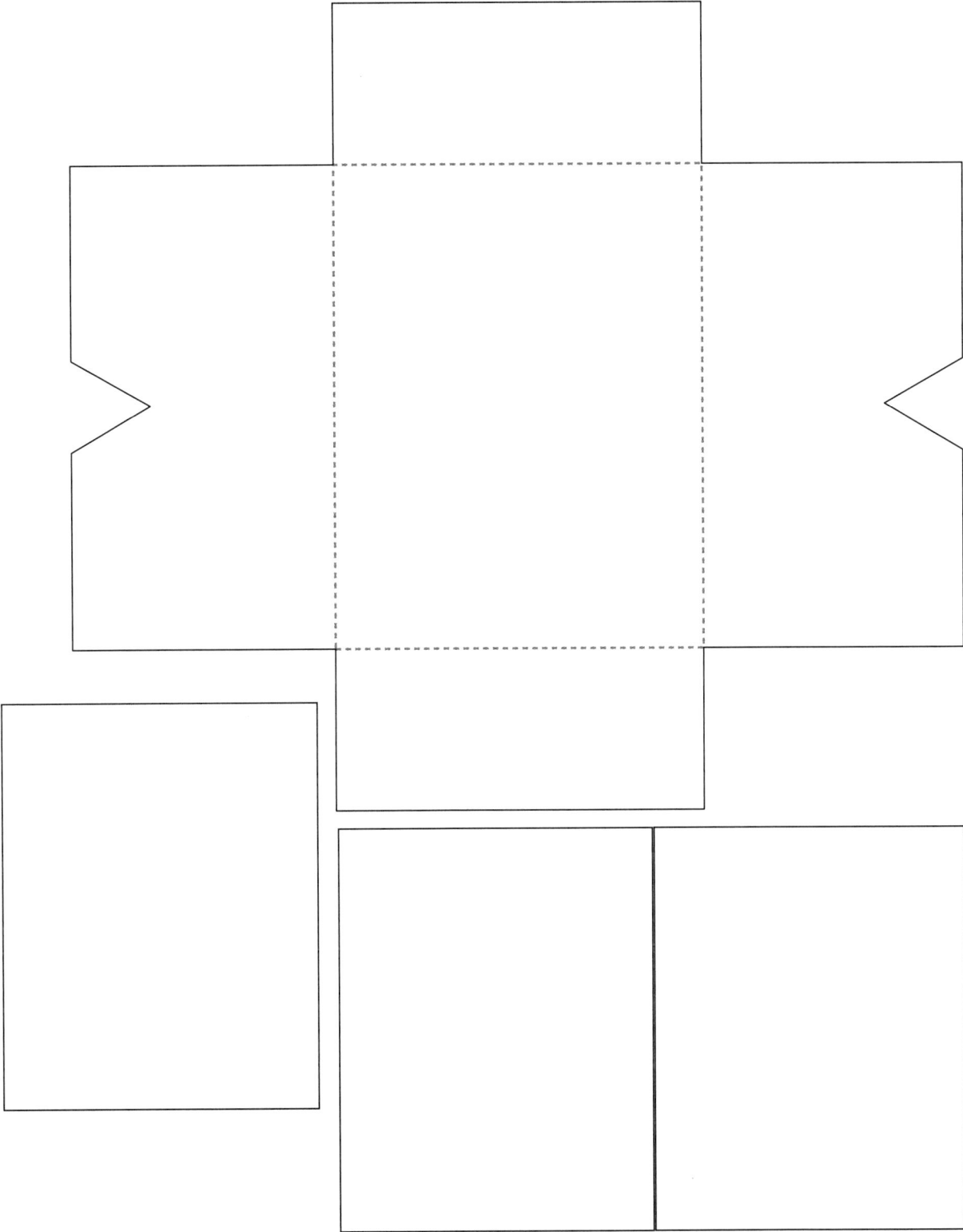

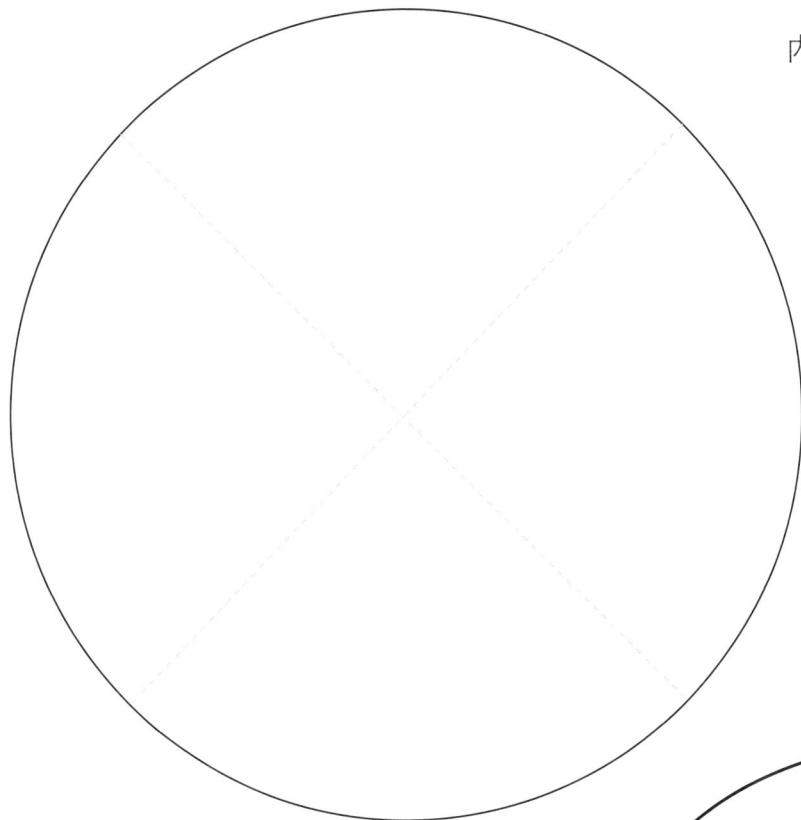

内页X 4

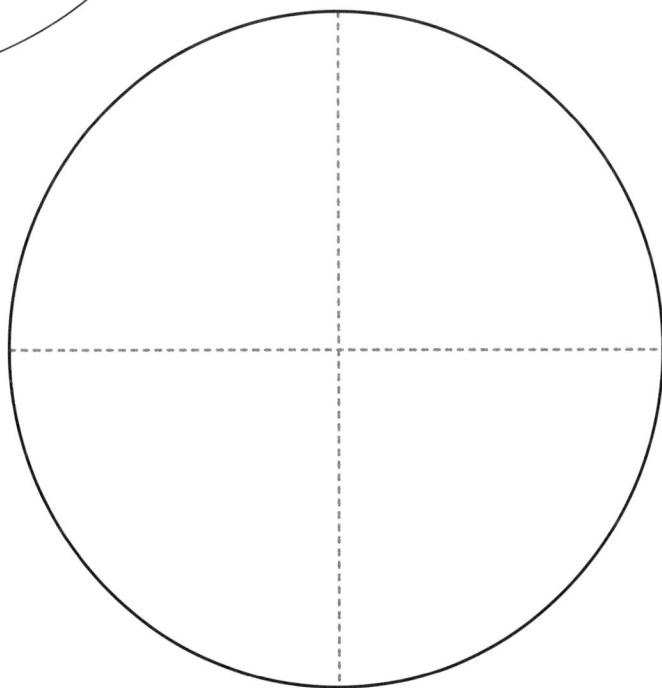

口袋X 4

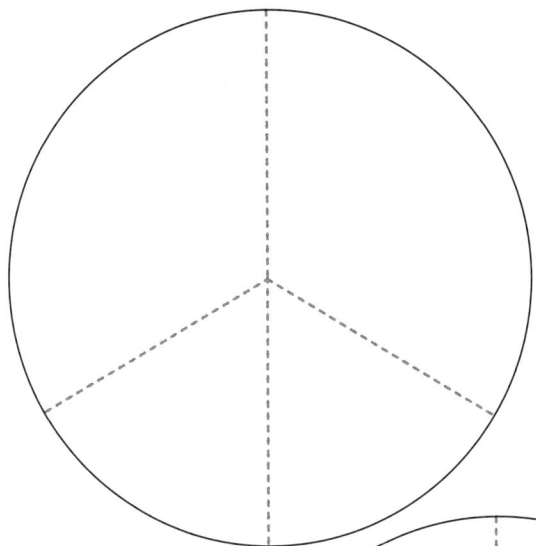

内页

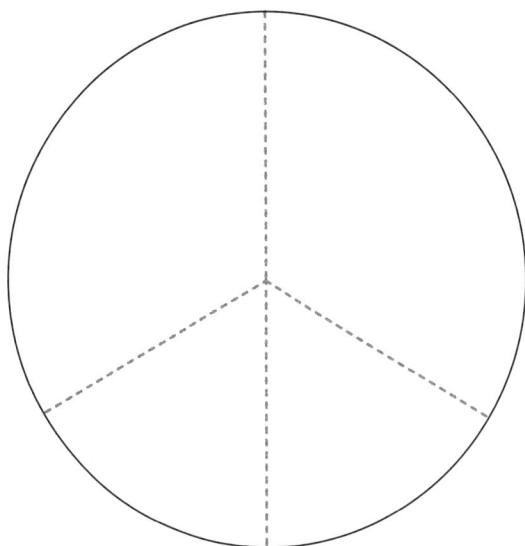

封面

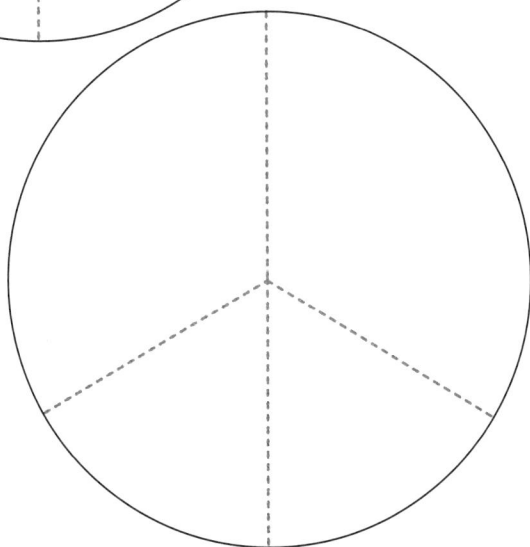

口袋

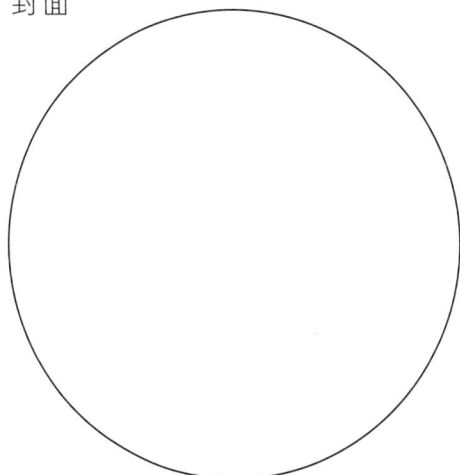

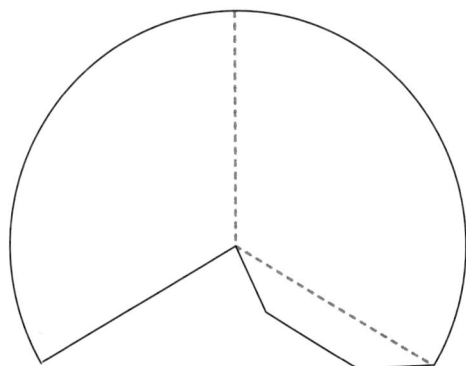

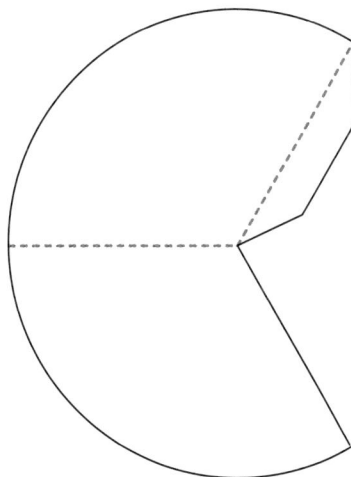

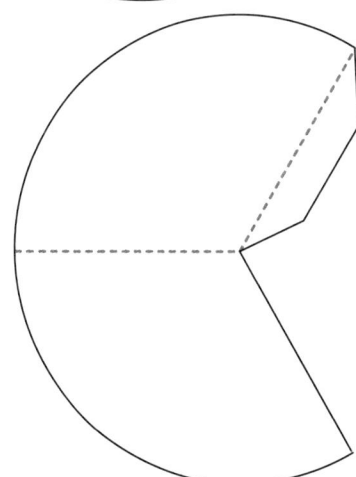

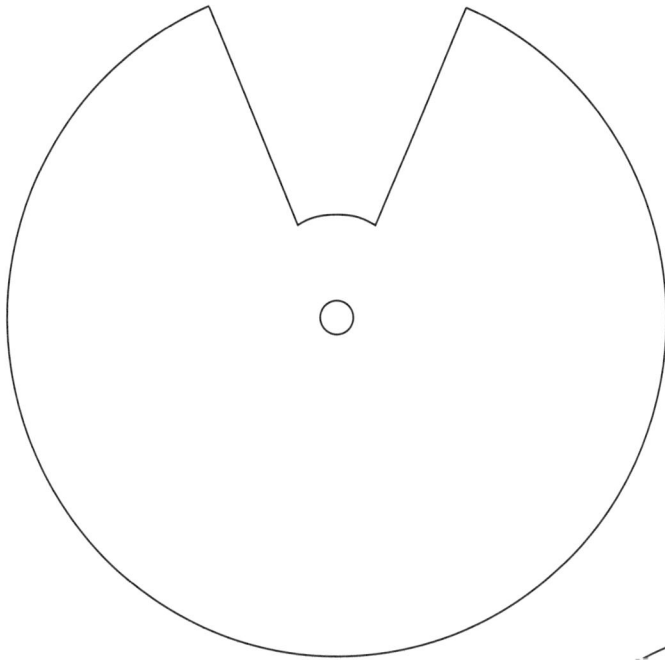

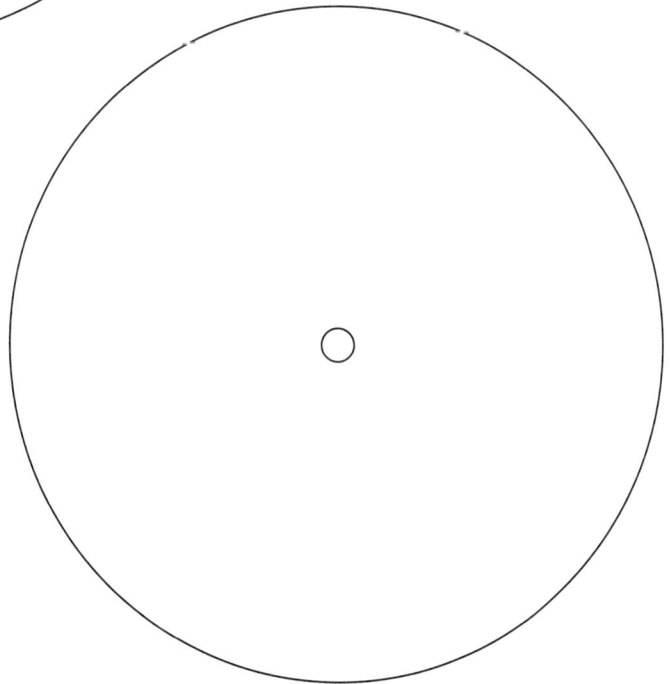

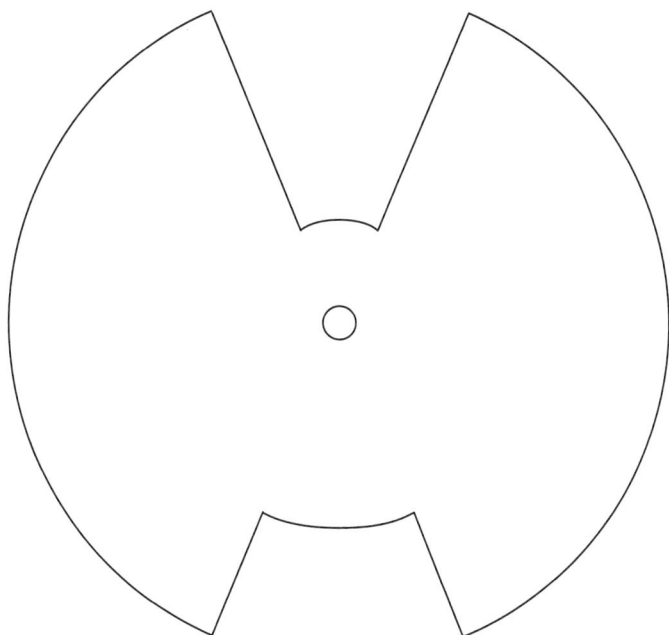

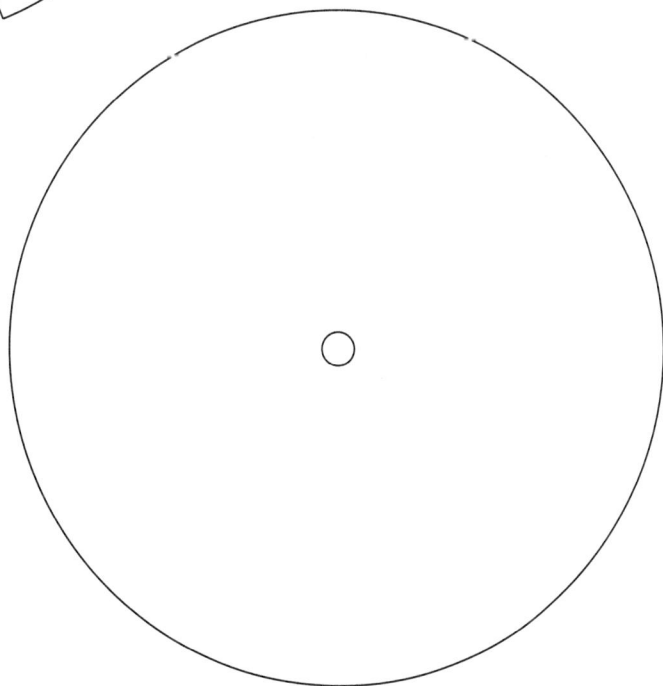

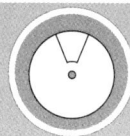
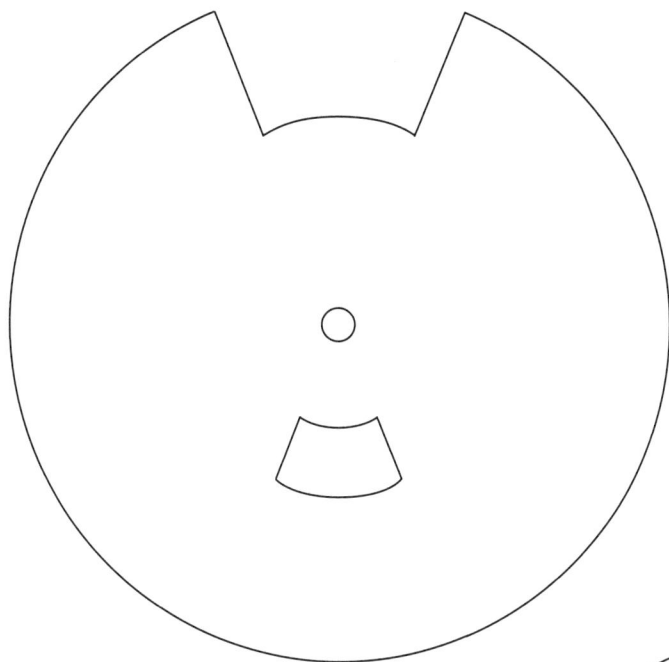

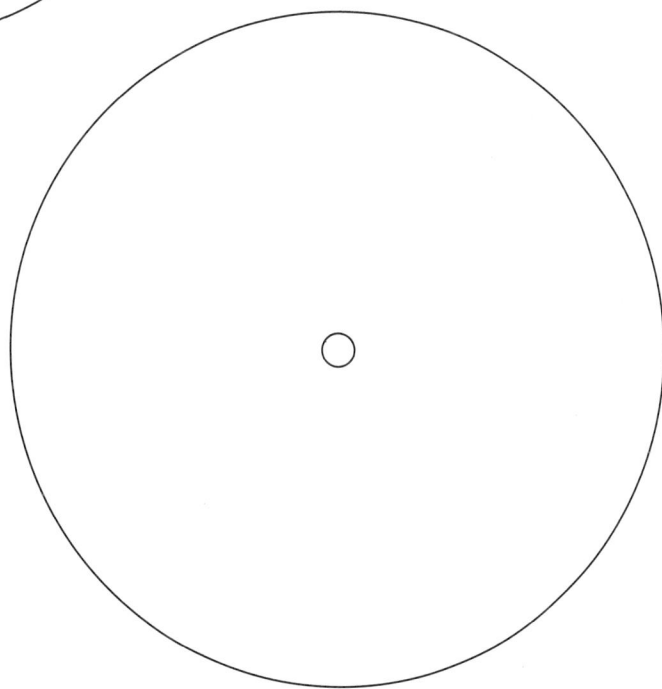

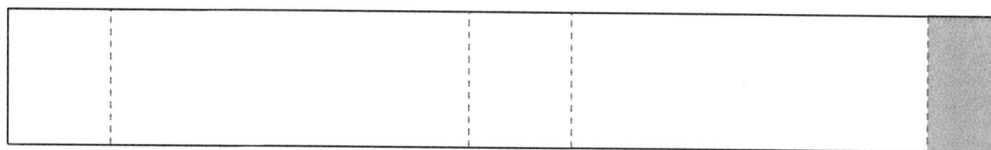

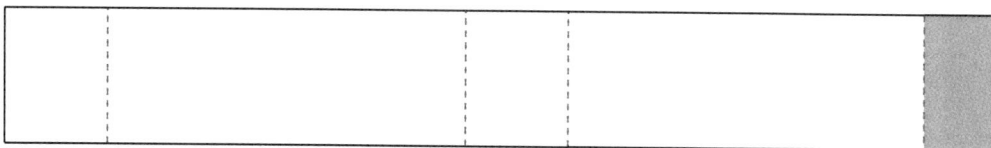

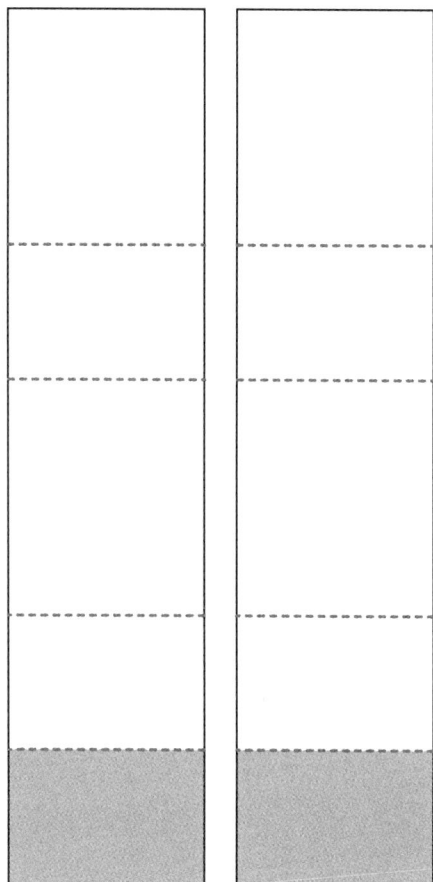

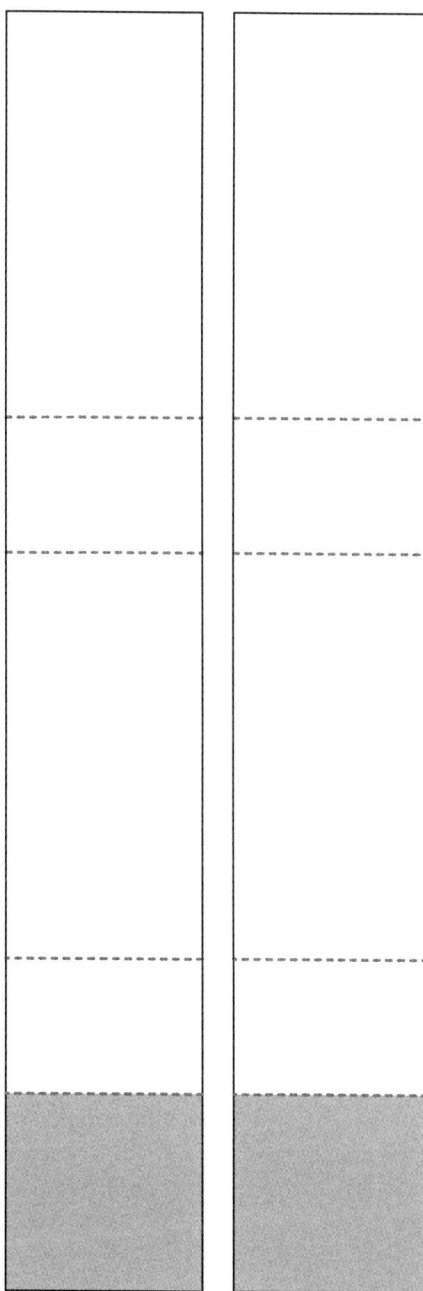

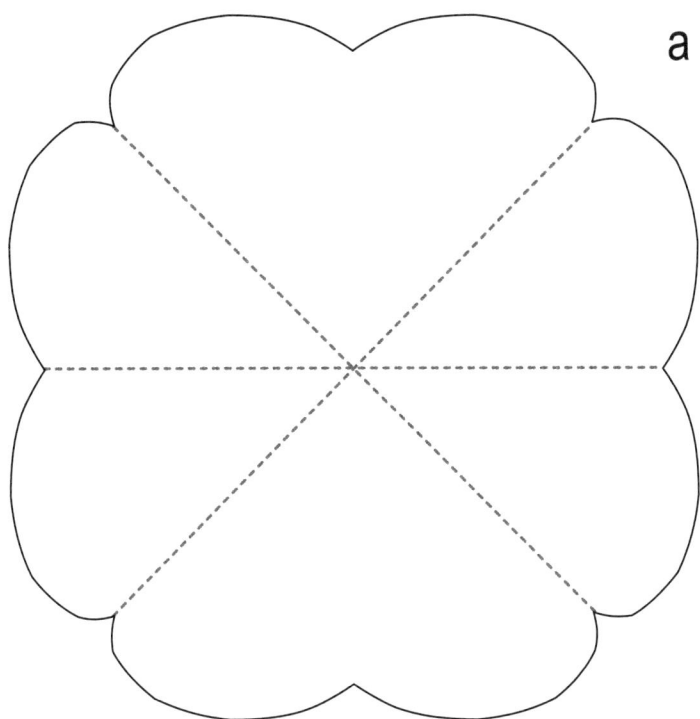

a

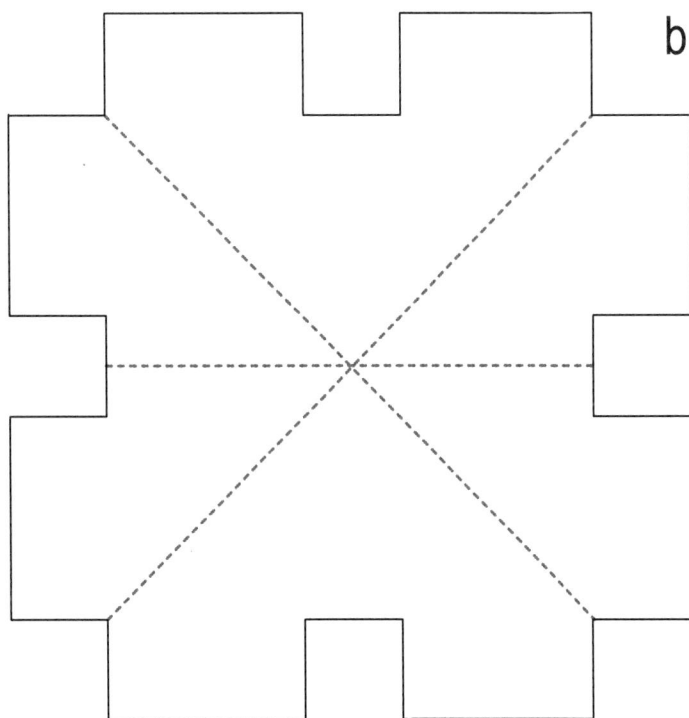

b

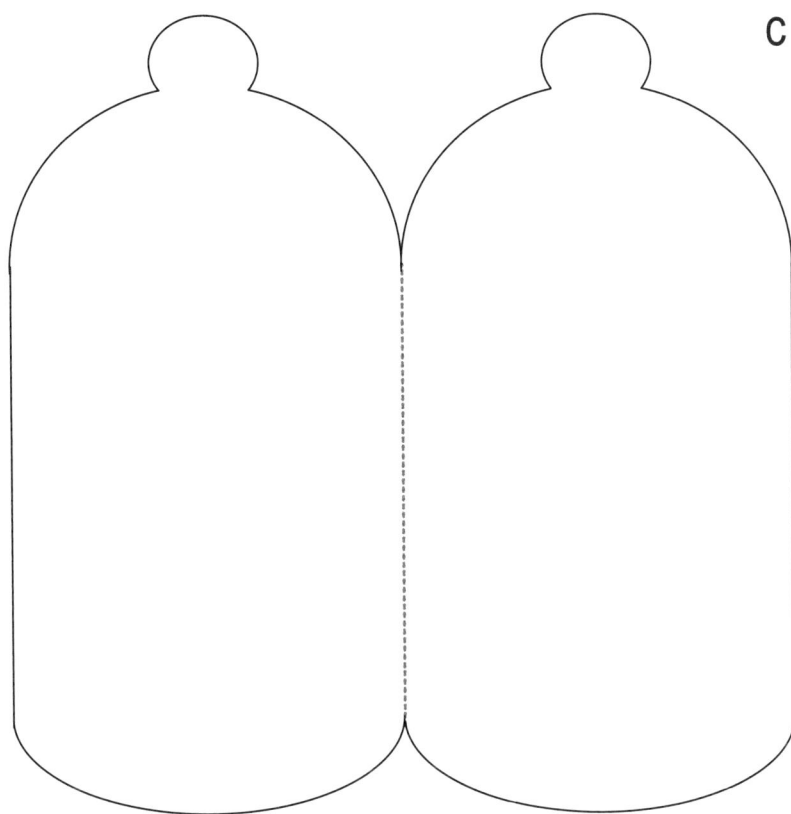

c

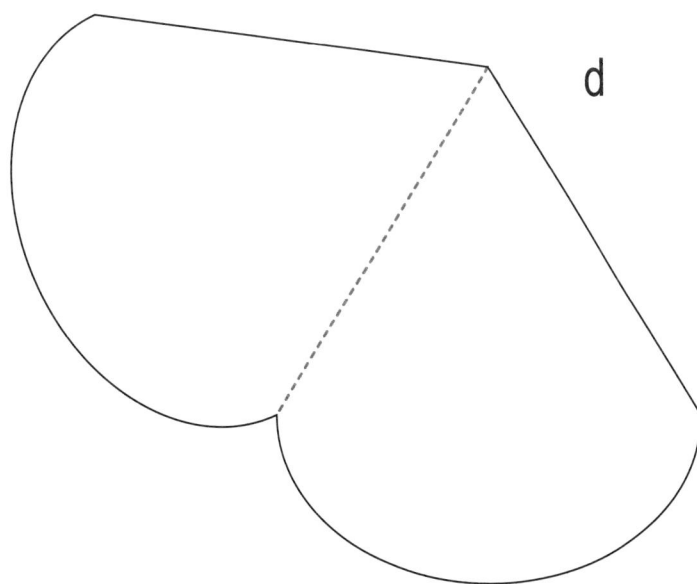

d

e

g

f

h

写 作

i

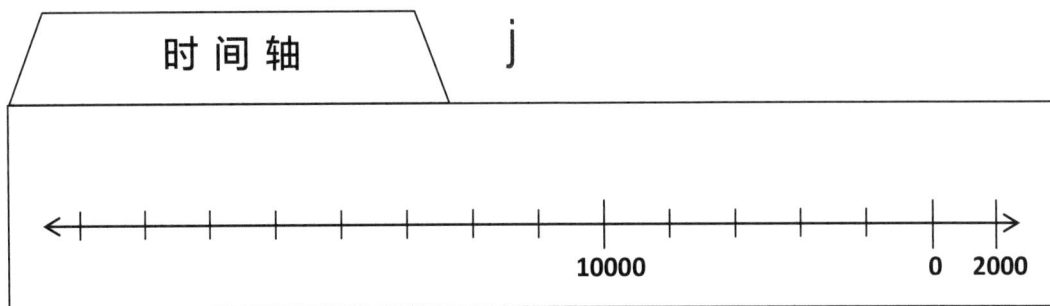

时 间 轴

j